# 阿彌陀經

## 白話解釋

黃智海／著

笛藤出版

# 前言

在眾多佛教入門的佛經釋注、解釋的書中，黃智海居士的著作的確給初入門的人開了一道「方便」之門，將經文做逐字逐句的解釋，不僅淺顯也詳盡、容易理解。

因為時代的變遷、進步，原書老式的排版，對現在讀者的閱讀習慣較吃力困難，有鑒於此，本社的重新編排也盡量朝「方便」讀者的方向努力，使大家可以輕鬆的看佛書、學習佛法。

本書有些地方將原文稍做修改，特記如下：

1. 標點符號使用新式標點的編排。新版的標點有些地方並不符合標準的標點符號，為了符合演述者的口氣，儘量保存原有的風味敬請察諒。
2. 內容太長的地方加以分段。
3. 民國初時的白話用字改成現今的用字，例如「彀」改成「夠」。「箇」改成「個」。「纔」改成「才」。「末」改成「麼」……等等意思相同的普通話。
4. 有一些地方方言上的語氣詞改成一般普通話的說法或刪除掉。例如：「同了」改成「和」或「與」，「那」、「了」、「的」、「是」的刪除。
5. 括弧內解釋的部分用**顏色**印刷，和本文區隔，使讀者更容易讀解。

希望稍做改版後的書，能夠對讀者有所助益，有疏漏的地方，敬請不吝指正是幸。

本社編輯部謹識

# 目次

# 阿彌陀經白話解釋 序

印光法師

淨土法門，實為十方三世一切諸佛，上成佛道，下化眾生之通規。亦為末法時代一切眾生，仗佛慈力，即生了脫之要道。良以如來所說一切法門，無非令眾生出生死，成佛道耳。

但以上根者少，中下者多，故能於即生了脫者，雖在正像，尚不多見。況末法人根陋劣，壽命短促，知識稀少，邪外縱橫之時乎。由是如來豫鑑機宜，特開淨土一門，俾一切若聖若凡，上中下根，同事修持，同於現生往生淨土。上根則速成佛道，下根則亦預聖流。較彼一代所說仗自力法門，下手易而成功高，用力少而得效速。以佛力法力，不可思議，加以眾生信願行力，則無論功夫淺深，罪業輕重，皆得蒙佛慈力，接引往生也。

以故如來於諸大乘經，咸皆帶說，如華嚴、法華、楞嚴等。其專說者，則有阿彌陀經、無量壽經、觀無量壽佛經。此三經中，凡彌陀之誓願，淨土之莊嚴，三輩九品之生因，十方諸佛之讚歎，悉皆顯示無遺。而阿彌陀經，言簡義周，最易受持。由是古人列為日課，無論若宗、若教、若律，皆於暮時讀誦。是舉天下之若僧若俗，無不以淨土為歸者。

然雖如是行持，若不諦審佛祖立法之所以然者，猶然不以求生西方為事，殆所謂日用不知、習矣不察者乎。即通宗通教之高人，尚多崇尚自力法門，不肯仰仗佛力，其志固高，其事實難即生做到。倘惑業未能淨盡，再一受生，多半迷失，不但所期皆成畫餅，且有因福造業，後生墮落之虞。由是言之，誠堪畏懼。

須知淨土法門，為一代時教中之特別法門，不可以與通途法門並論。若不明此義，以仗自力通途法門之義，疑仗佛力特別法門之益，而不肯信受，則其失大矣。佛說難信，蓋即指此。若無此執，則誰不信受奉行焉。

近來世道人心，陷溺已極，無可救藥。凡有具正知見之偉人傑士，莫不以提倡因果報應，生死輪迴，為挽回狂瀾之據。精修淨業，求生西方，為究竟安隱之法。一唱百和，無不率從。

由是喫素念佛，改惡修善者，日見其多。所可惜者，普通善信，未嘗學問，雖日讀彌陀經，究不知所說者為何義。縱有疏鈔、要解等注，亦非彼所能閱。黃智海居士，利人心切，取疏鈔要解之義，以白話解釋之。俾彼稍識字者，亦得憭知經義，由是更加精進，竭誠修持，并以轉化有緣，則現生身心清淨，優人聖賢之域，臨終感應道交，直登極樂之邦。其為利益，莫能名焉。爰書大義，以貢閱者。

民國十六年（一九二七）丁卯夏曆正月常慚愧僧釋印光謹撰

# 阿彌陀經白話解釋序二

諦閑法師

佛以無上妙慧，觀一切眾生，知其根性大小不同，而以方便智，說方便法。為闡提人、說十善。為小乘人、說四諦。為中乘人、說十二因緣。為大乘人、說六波羅蜜。皆對病根，投以良藥。此蓋方便教中不易之典也。復以徹底大悲，鑒六道群機，識其道緣淺深匪一，以殊勝異方便智，說殊勝異方便法。為上根人，說觀想念佛法，即觀無量壽佛經，前十二觀皆是也。為中根人，說觀像念佛法，第十三觀是也。為下根人，說稱名念佛法。為最下根、業重障深人，說臨終十稱念佛佛、即得往生法，第十六觀是也。可見佛無棄人，惟人自棄耳。

獨有佛說阿彌陀經之信願持名念佛，尤為方便之方便，殊勝之殊勝。須知持名有二種持法。一者事持，但將阿彌陀佛四字，驀直持去，持至一心不亂，臨終決定往生，即不可以中下根論。二者理持，正持名時，能知離心無佛，離佛無心，心佛不二，即是實相念佛，若加信願，臨終上品上生，非最上利根者不能。故知持名念佛，普被三根，無機不攝。至圓頓，最直捷。七日成功，片言即證；橫超三界，豎徹五時，誠為稀有難信之法門。故感六方諸佛，異口同音，稱揚勸信。釋迦如來，四辯八音所親宣也。經中，初則詳陳依正莊嚴以啟信，中則特勸應求往生以發願，後則正示執持名號以立行。一經宗旨，惟信願行；義無餘蘊，文相昭然。

嗚呼，時至末法，鈍根者多。五濁繁興，三災頻仍。而此經者，持誦固多，研詳實寡。雖有雲棲疏鈔，靈峰要解，類皆文言法語，自非初機淺識人，能得實益。海上黃子涵之，有鑒於斯，先以淺近苦切之詞，編成白話，說明兩土苦樂形容，俾知此土有三毒、四倒、六道輪迴之苦，而生厭離；彼國有七珍、八德、九品蓮華之樂，而生忻慕。詳言彼方，其國無有三途八難，瓦礫泥砂，純以珍寶而為莊嚴；其人無有九惱十纏，死生老病，純以聖賢而為眷屬。

庶幾初機人修淨業者，知所趨向，遂命名曰初機淨業指南，出數千部書，風行海內，可謂煞費婆心矣。茲仍以淺近白話文字，取諸祖意，解釋此經。語甚夷易，事出常談。覽其詞能識其心，識得心，不待境靜、而心自靜；不提心念，而佛自念。可謂大悲芬陀利，法炬陀羅尼。隨俗而即俗明真，變淨而以淨覆穢。若空谷之答響，洪鐘不待扣矣。

噫，道本無言，非言不顯。且此經者，我佛不得已而言之也。言有不達，道無以明。是則前祖之疏解，亦不容其已也。言既高深，鈍根難入。今用白話文字，解釋佛經，又甯得而已之哉。余故知以白話之淺言，暢經中之深義，既甚便於初機，深有裨於法化。俾彼讀者，由淺而知深，即近而悟遠。因是書之言，而知疏解之言；因疏解之言，而悟佛經之言。佛言悟矣，信以之而真，願以之而切。持名念佛之行，以之而相續不斷。求生極樂之心，可勇決矣。

時維民國丁卯（一九二七）夏釋諦閑述於四明觀宗寺之密藏居

## 阿彌陀經 白話解釋

# 說明原因和閱讀方法

修行的方法很多。但是有些方法，不是我們這些根機淺薄的人，能夠做得到的。有些方法，做起來很難，又費時，恐怕等不到修成功，修行的心，已經退了。或是還沒有修成功，人已經逝去。還有些方法，做起來，若不十分明白裏面的道理，往往會著魔。只有念佛修到西方極樂世界去的方法，最是穩當、容易。

這個方法，凡是大乘經裏，（甚麼叫做大乘，下面「皆是大阿羅漢」一句的解釋裏，會詳細說明。）都有說到。專門教導此法的，有三部經，一部是《無量壽經》，一部是《觀無量壽佛經》，一部就是這《阿彌陀經》。前二部經，很長且不易閱讀。並且經的句子，文理很深，所講的道理，和修行的方法，又不是人人都能夠懂得，都能夠做得到。只有這部阿彌陀經，說得最簡便、最明白。所以念佛的人，都是天天念誦，但是佛經的文理，卻很不容易懂。雖然之前有許多高明的大法師，把這部阿彌陀經，詳詳細細的解釋，可惜都是文理很深，讀書人或許還能懂得，若是不懂文理的善男信女們，就很難明白了。

我看見許多信佛的善男信女們，大半都會念阿彌陀經。但是這些善男信女們，口裏儘管念，究竟阿彌陀經講些什麼？念了有什麼好處？大多數人都不曉得。有些人們，竟然把這部阿彌陀經，看得很輕，說道念了阿彌陀經，死後成鬼，可以抵多少錢用。這真是笑話了。阿彌陀經的好處，說也說不盡，哪裏只能抵做錢用呢？何況一個人死了，總要盼望生到西方極樂世界去，才可以免掉這生了又死、死了又生的無窮無盡的苦惱。哪裏可以打這種做鬼的主意呢？

我因為憐憫這些善男信女們，不想讓大家白費功夫。所以把這部阿彌陀經，一段一段分開。再把它一句一句，用白話詳細解釋明白。並且用兩種方法來解釋。一種解釋，叫做解。就是經文後，開頭有一個【解】字的。這是完全照經的字句，簡單解釋。但是有許多地方，只照字句解釋，恐怕還不明白。一定再要把它的來源，大略說幾句，才會懂得。這種解釋，就是經文後，開頭有一個【釋】字的。若是讀這本經的人，只要曉得大略的意思，那麼只要看【解】，倘若要曉得更明白，那麼看了【解】，再看【釋】，也可以更明白。我雖然用白話來解釋，但是我仍舊是依照從前許多高明的大法師，用文理來解釋的說法，把它改做白話罷了，沒有一句，是照我自己的意思解釋的。還擔心有不妥當的地方，教人看了，倒反誤人，所以還特別請普陀山的印光老法師指正過。讀這本經的人可以放心，不會偏離原意。

但願你們看了這本白話解釋的阿彌陀經，大家照這本經上所說的方法，一心一意，相信西方真有極樂世界，時時刻刻，發出願心來。想到西方極樂世界去，只要天天誠心念佛，一定可以去。念佛念得越勤越好，自己念了，還要勸勸父母兄弟、親戚朋友，大家都發心，一起做善人，一起念佛，一起到西方極樂世界去。

平常時候，各種善的事情，都要去做。各種惡的事情，一點也不要做。那麼一定會成功。若我說了謊，騙你們，我死了到閻羅王那裏，要受拔舌的罪。你們相信了我的話，將來我和你們都到西方極樂世界去，做阿彌陀佛的弟子。和觀世音、大勢至、文殊、普賢，許多的大菩薩，還有往生的許多最上等的善人，（往生的往字，就是去字的意思。往生，就是生到西方極樂世界去。）常在一塊兒，親近阿彌陀佛，聽佛說法。就可以漸漸的修行，漸漸的進步，一直到成佛的地位。你說這個方法，好不好呢？若是曉得了這樣的好方法，誰還肯讓旁人去得，不願自己得呢？既然要得到這樣的好處，就請你們大家，發起認真切實的心，快快的念起來，快快的照這種方法做起來，就一定可以得到。

# 阿彌陀經全文

姚秦三藏法師鳩摩羅什譯

## 卷上

如是，我聞。

一時，佛在舍衛國，祇(ㄑㄧˊ)樹給(ㄐㄧˇ)孤獨園。 62

與大比丘僧，千二百五十人俱， 65

皆是大阿羅漢，眾所知識， 67

長老舍利弗(ㄈㄨˊ)、摩訶(ㄏㄜ)目犍(ㄐㄧㄢ)連、摩訶(ㄏㄜ)迦(ㄐㄧㄚ)葉(ㄕㄜˋ)、

摩訶迦旃延、摩訶俱絺羅、離婆多、周利槃陀伽、
難陀、阿難陀、羅睺羅、憍梵波提、
賓頭盧頗羅墮、迦留陀夷、摩訶劫賓那、薄拘羅、
79 阿㝹樓馱，
84 如是等諸大弟子。
85 并諸菩薩摩訶薩，
文殊師利法王子、阿逸多菩薩、

87 乾(ㄑㄧㄢˊ)陀訶(ㄏㄜ)提菩薩、常精進菩薩，

90 與如是等諸大菩薩。

91 及釋提桓(ㄏㄨㄢˊ)因等，無量諸天大眾俱。

95 爾時佛告長老舍利弗(ㄈㄨˊ)：

97 從是西方，過十萬億佛土，有世界，名曰極樂。

100 其土有佛，號阿彌陀，今現在說法。

舍利弗(ㄈㄨˊ)！

彼土何故，名為極樂。

其國眾生，無有眾苦，但受諸樂，故名極樂。 101

又，舍利弗！

極樂國土，七重欄楯，七重羅網，七重行樹，

皆是四寶，周帀圍繞。 108

是故彼國名為極樂。 111

又，舍利弗！

極樂國土，有七寶池，八功德水，充滿其中。
池底，純以金沙布地。 112
四邊階道，金、銀、琉璃、玻璃合成。
上有樓閣，亦以金、銀、琉璃、玻璃、硨磲(ㄑㄩˊ)、
赤珠、瑪瑙，而嚴飾之。 115
池中蓮華(ㄏㄨㄚˊ)，大如車輪，青色青光、黃色黃光、
赤色赤光、白色白光，微妙香潔。 117

舍利弗(ㄈㄨˊ)！

122 極樂國土，成就如是功德莊嚴。

又，舍利弗(ㄈㄨˊ)！

124 彼佛國土，常作天樂(ㄩㄝˋ)。

125 黃金為地。

126 晝夜六時，雨(ㄩˋ)天曼陀羅華(ㄏㄨㄚ)。

其土眾生，常以清旦，各以衣裓(ㄍㄜˊ)盛眾妙華(ㄏㄨㄚ)，

供(ㄍㄨㄥˋ)養他方十萬億佛。即以食時，還(ㄏㄨㄢˊ)到本國。 128

飯食，經行。 133

舍利弗(ㄈㄨˊ)！

極樂國土成就如是功德莊嚴。 135

復次，舍利弗！

彼國常有種種奇妙雜色之鳥：

白鵠、孔雀、鸚鵡、舍利、迦(ㄐㄧㄚ)陵頻伽(ㄑㄧㄝˊ)、共命之鳥。

是諸眾鳥，晝夜六時，出和(ㄏㄜˋ)雅音。其音演暢五根、
五力、七菩提分、八聖道分，如是等法。137
其土眾生，聞是音已，皆悉念佛、念法、念僧。152
舍利弗(ㄈㄨˊ)！
汝勿謂此鳥實是罪報所生。所以者何？
彼佛國土，無三惡道。
舍利弗(ㄈㄨˊ)！

其佛國土尚無惡道之名，何況有實。
是諸眾鳥，皆是阿彌陀佛，欲令法音宣流，變化所
作。 154
舍利弗(ㄈㄨˊ)！
彼佛國土，微風吹動諸寶行(ㄏㄤˊ)樹、及寶羅網。
出微妙音，譬如百千種樂，同時俱作。
聞是音者，自然皆生念佛、念法、念僧之心。 157

舍利弗(ㄈㄨˊ)！

其佛國土成就如是功德莊嚴。 159

舍利弗(ㄈㄨˊ)！

於汝意云何？彼佛何故號阿彌陀。 161

舍利弗(ㄈㄨˊ)！

彼佛光明無量，照十方國，無所障礙，

是故號為阿彌陀。 164

又，舍利弗（ㄈㄨˊ）！

彼佛壽命、及其人民，無量無邊阿僧祇（ㄑㄧˊ）劫，

故名阿彌陀。

舍利弗（ㄈㄨˊ）！ 167

阿彌陀佛成佛以來，於今十劫。 174

又，舍利弗（ㄈㄨˊ）！

彼佛有無量無邊聲聞弟子，皆阿羅漢，

176 非是算數之所能知。

179 諸菩薩眾亦復如是。

舍利弗（ㄈㄨˊ）！

180 彼佛國土成就如是功德莊嚴。

卷下

又，舍利弗（ㄈㄨˊ）！

184 極樂國土，眾生、生者，皆是阿鞞（ㄆㄧˊ）跋（ㄅㄚˊ）致。

其中多有一生補處，其數甚多，

非是算數所能知之，但可以無量無邊阿僧祇(ㄑㄧˊ)說。 187

舍利弗(ㄈㄨˊ)！

眾生聞者，應當發願，願生彼國。 193

所以者何？得與如是諸上善人俱會一處。 197

舍利弗(ㄈㄨˊ)！

不可以少善根、福德、因緣，得生彼國。 199

舍利弗（ㄈㄨˊ）！

若有善男子、善女人，聞說阿彌陀佛，執持名號，

若一日、若二日、若三日、若四日、

若五日、若六日、若七日，一心不亂。 202

其人臨命終時，阿彌陀佛，與諸聖眾，現在其前。 209

是人終時，心不顛倒，

即得往生阿彌陀佛極樂國土。 212

舍利弗(ㄈㄨˊ)！

我見是利，故說此言。

若有眾生，聞是說者，應當發願，生彼國土。216

舍利弗(ㄈㄨˊ)！

如我今者，讚歎阿彌陀佛，不可思議功德之利。221

東方亦有阿閦(ㄔㄨˋ)鞞(ㄆㄧˊ)佛、須彌相(ㄒㄧㄤˋ)佛、大須彌佛、

須彌光佛、妙音佛，如是等恆河沙數諸佛。223

各於其國出廣長舌相，偏覆三千大千世界。225

說誠實言：

汝等眾生，當信是稱讚不可思議功德，

一切諸佛所護念經。228

舍利弗ㄈㄨˊ！

南方世界，有日月燈佛、名聞光佛、大燄肩佛、

須彌燈佛、無量精進佛，如是等恆河沙數諸佛。

各於其國出廣長舌相，徧覆三千大千世界。

說誠實言：

汝等眾生，當信是稱讚不可思議功德，

一切諸佛所護念經。

舍利弗(ㄈㄨˊ)！

西方世界，有無量壽佛、無量相(ㄒㄧㄤˋ)佛、

無量幢(ㄔㄨㄤˊ)佛，大光佛、大明佛、寶相(ㄒㄧㄤˋ)佛、淨光佛，

如是等恆河沙數諸佛。
各於其國出廣長舌相，徧覆三千大千世界。
說誠實言：
汝等眾生，當信是稱讚不可思議功德，
一切諸佛所護念經。
舍利弗（ㄈㄨˊ）！
北方世界，有燄肩佛、最勝音佛、難沮（ㄐㄩˇ）佛、日生佛、網明佛，如是等恆河沙數諸佛。

各於其國出廣長舌相，徧覆三千大千世界。

說誠實言：

汝等眾生，當信是稱讚不可思議功德，

一切諸佛所護念經。

舍利弗（ㄈㄨˊ）！

下方世界，有師子佛、名聞佛、名光佛、達摩佛、法幢（ㄔㄨㄤˊ）佛、持法佛，如是等恆河沙數諸佛。
各於其國出廣長舌相，徧覆三千大千世界。
說誠實言：
汝等眾生，當信是稱讚不可思議功德、
一切諸佛所護念經。
241
舍利弗（ㄈㄨˊ）！
上方世界，有梵音佛、宿王佛、香上佛、

香光佛、大燄肩佛、雜色寶華嚴身佛、娑羅樹王佛、寶華德佛、見一切義佛、如須彌山佛，如是等恆河沙數諸佛。各於其國出廣長舌相，徧覆三千大千世界。說誠實言：汝等眾生，當信是稱讚不可思議功德，一切諸佛所護念經。

244

舍利弗(ㄈㄨˊ)！
於汝意云何？何故名為一切諸佛所護念經。 250
舍利弗(ㄈㄨˊ)！
若有善男子、善女人，聞是經，
受持者，及聞諸佛名者。 251
是諸善男子、善女人，皆為一切諸佛之所護念，
皆得不退轉於阿耨(ㄋㄡˋ)多羅三藐(ㄇㄧㄠˇ)三菩提。 253

是故舍利弗（ㄈㄨˊ）！

汝等皆當信受我語、及諸佛所說。 255

舍利弗（ㄈㄨˊ）！

若有人，已發願、今發願、當發願，

欲生阿彌陀佛國者。

是諸人等，皆得不退轉於阿耨（ㄋㄡˋ）多羅三藐（ㄇㄧㄠˇ）三菩提。

於彼國土，若已生、若今生、若當生。 257

是故舍利弗ㄈㄨˊ！
諸善男子、善女人，
259 若有信者，應當發願，生彼國土。
舍利弗ㄈㄨˊ！
261 如我今者稱讚諸佛不可思議功德。
彼諸佛等，亦稱讚我不可思議功德，而作是言：
釋迦牟尼佛，能為甚難稀有之事，

能於娑(ㄙㄨㄛ)婆國土，

五濁惡世，劫濁、見濁、煩惱濁、眾生濁、命濁中，

得阿耨(ㄋㄡˋ)多羅三藐(ㄇㄧㄠˇ)三菩提。 265

為諸眾生，說是一切世間難信之法。 271

舍利弗(ㄈㄨˊ)！

當知我於五濁惡世，行此難事，

得阿耨(ㄋㄡˋ)多羅三藐(ㄇㄧㄠˇ)三菩提，

275 為一切世間說此難信之法，是為甚難。
佛說此經已，
277 舍利弗、及諸比丘、一切世間天、人、阿修羅等，
279 聞佛所說，歡喜信受，作禮而去。

280 拔一切業障根本得生淨土陀羅尼。
南無阿彌多婆夜。哆他伽哆夜。

哆地夜他。阿彌唎。
都婆毗。阿彌唎哆。
悉耽婆毗。阿彌唎哆。
毗迦蘭帝。阿彌唎哆。
毗迦蘭哆。伽彌膩。伽伽那。
枳多迦隸。娑婆訶。

282

印光老法師鑑定

皈依弟子黃智海演述

隨身版

# 阿彌陀經白話解釋（卷上）

# 佛說阿彌陀經

**解** 釋迦牟尼佛說的這一部經，叫做阿彌陀經。

**釋** **佛**，就是釋迦牟尼佛。這釋迦牟尼佛，本來已經成了佛的，因為要勸化我們這個世界上的人，所以特地來投胎做人。在中印度迦毗羅衛國，那個國王的名號，叫淨飯王。他的夫人，叫摩耶夫人，釋迦牟尼佛投胎到摩耶夫人肚裏時，在周朝的昭王二十六年，是甲寅年份的四月初八日，從摩耶夫人的右邊脅骨中間生出來的，就是堂堂皇皇的一位太子。

後來長大成人了，看見世界上的人，受種種的苦惱。覺得在這個世界上做人，一點也沒有什麼好，就一切都看破了，情願不做太子，出家去修行。從十九歲出家起，修到三十歲就得了道，成了佛。後來就在各地方說佛法勸化世界上的人。到七十九歲，就入了涅槃了。

什麼叫做**涅槃**呢。涅槃是梵語，就是現在的印度語。**涅**字的解釋，是不生。不生，就是沒有生相。（覺得有生出來的形相，叫做生相。）**槃**字的解釋，是不滅。不滅，就是沒有滅相。（覺得有消滅去的形相，叫做滅相。）沒有生的形相，也沒有滅的形相，就是佛所證的**眞如實相**。（**證**，是得到的意思。

**眞如實相**，就是自己本性的清淨心。因為沒有虛假，所以說是真。因為完全平等，所以說是如。這是真實的心相，所以說是實相。

清淨心，也可以叫真實心。本性的清淨心，也可以叫真性。是看不見的，雖然看不見，但是永遠不會改變、永遠不會消滅的。不論什麼東西，凡是會改變的、會消滅的，就是虛的、假的，這種永遠不改變，永遠不消滅的真性，才可以說是真的。並且從佛起，一直到地獄裏的眾生，都有的、都是一樣的，所以叫完全平等。

各種佛書裏，常常說到**衆生就是佛**，就是這個緣故。眾生兩個字，除了佛，從菩薩起，一直到地獄的人，都可以叫的。下面解釋「其國眾生」一句裏，會詳細說明白的。）終究常住不變的道理。（常常是這個樣子，永遠沒變動，所以叫常住不變。）佛因為要教化眾生，所以現出投胎出世的形相來。一直到教化的事情完畢了，仍舊歸到他本來沒有生，也沒有滅的真如實相去了，這就叫做**入涅槃**。

那些不知道的人，看見佛入涅槃，就認為佛死了，哪裏曉得佛是永遠不會死的。這種道理，很深很深，不說明白，恐怕人家倒反要起疑惑。但是要用白話來說明白，實在是很不容易。

我先把佛的三種身體，約略說幾句。讓大家可以知道佛的涅槃，和凡人的死，是大不相同的。怎麼說佛的三種身體呢？凡是一個人，修成了佛，都有三種身體。哪三種身體呢？

一種叫做**法身**。是用所有一切法平等的真實性，做他的本體。不可以用形色相貌來拘泥。（**法**字，在佛經裏，解釋起來，不論什麼東西、不論什麼事情、不論什麼境界，凡是有名稱可以叫得出的、有形相可以看得見的，都叫做法。）

**一切法平等**，就是不論任何什麼，都是一樣的、沒有分別的，這就是佛的本性，也就是佛的身體的根本。所以說用這個真實性來做本體，這個道理，是佛法真正的道理。但卻是很深、很不容易懂的，又沒有法子用很淺的話來解釋明白。看不懂，可以不去管它，只要記牢了佛的法身，不是和人一樣有形色相貌的，就是了。

本體的體字，其實就是從佛起，一直到地獄的眾生，本來有的那個真實性，其實就是身體的根本。但是並不是我們這種血肉的身體，千萬不可以弄錯的。）

一種叫做**報身**。是因為所修的種種功德，修得長久了，積得多了，現出這個極莊嚴的身體的形相來，（莊嚴兩個字，有端正尊重的意思，下面解釋「池中蓮華」一節的小註裏，會說明白。）享受快樂的報應。這種報身，只有大菩薩能夠看得見，凡夫是看不到的。

一種叫做**應身**。是因為眾生的根機緣分，感應了佛，所以變化出這種身體的形相，到世界上來專門度脫眾生的。

大家不要聽我說了佛有三種身體，就疑惑一尊佛有三種身體，不就變成了三尊佛麼？要曉得雖然說起來有三種身體，其實仍舊只是一尊佛。所說的只是一尊佛，還是就法身報身而說的。

若是講到應身，那麼一尊佛，就可以變化出無窮無盡的佛來了。譬如天上月亮的影子，映在各種的水裏，不論是江、是河、是海，甚至很小的水缸裏，也都有一個月的影子現出來。這許多影子，究竟是有多少的月呢？還是只有一個月呢？當然是只有一個月了。佛的應身，就是從這個法身上顯現出來的。

法身就譬如月，應身就譬如月的影子，所以應身雖然多得很，法身實在是只有一個。就如這一個月，可以在各處水面上，都映到的道理，是一樣的。月碰到了清淨的水，就能夠顯出月的影子來，佛碰到了有根機緣分的眾生，就現出應身來，給有根機緣分的眾生看。等到可以度脫的眾生度完了，佛就現這種入涅槃的相了。譬如水乾了，月的影子，也就沒有了。但是水乾了後，月的影子，雖然看不見了，終究月還是好好的在那裏，一點點也沒有變動，不能說是沒有月了。況且水乾的地方，看不見月的影子，那些有水的地方，仍舊都可以看見這月的影子。

從這個道理想起來，就可以曉得佛入了涅槃，不可以說佛沒有了，只是我們這個地方，看不見罷了。或者我們這些人，和佛沒有緣分，所以看不見的，並不是佛沒有了。

還有佛有三種身體，就有三種名號。現在所說的**釋迦牟尼**佛，是梵語。**釋迦**兩個字，就是中文的能仁兩個字。（能，是能幹。仁，是慈悲。）**牟尼**兩個字，就是中文的寂默兩個字。（寂，是寂靜不動的意思。默，是符合本性的意思。）這是他應身佛的名號。若然要曉得他法身佛的名號，梵語叫做**毗盧遮那**，中文叫遍一切處，就是無論什麼地方，沒有不周遍的意思。他報身佛的名號，梵語叫做**盧舍那**，中文叫光明遍照。就是身上的光明，廣大得很，無論什麼地方，都可以照得到的意思。

我們看見寺院裏，大雄寶殿上，中間塑的一尊很大的佛，就是釋迦牟尼佛。各種佛經，都是釋迦牟尼佛說的。這部經的名稱，叫做阿彌陀經，是釋迦牟尼佛所說各種經裏的一種。為甚麼叫它做阿彌陀經呢？

因為有一尊佛，名叫**阿彌陀佛**。從前發心修行的時候，也是一個國王。他父親的名號，叫月上轉輪聖王，母親叫殊勝妙顏夫人。在那個時候，他的國裏，出了一尊佛，名號叫世自在王佛。他聽了佛說的法，覺得學佛法，有種種的好處，在世界上做人，有種種的苦惱。所以就拋棄了王位，出家去修行，法名叫做法藏。並且還立了重誓，（誓字，就是俗話說的賭咒，有決定要做到的意思。）情願修成了佛，現出一個很清淨的世界來，好讓眾生都投生到那裏去、享受種種的快樂。

現在這部經裏所說的西方極樂世界，就是阿彌陀佛，經過了好多劫數，（劫，是記年代的大數目的單位，在下面解釋「無量無邊阿僧祇劫」一句裏，會詳細講明白的。）修福修慧，（慧，是明白真實的道理，不起一絲一毫癡心妄想的念頭。妄想，就是亂轉念頭。）修成功了，所現出來的世界。他在修行的時候，他還在世自在王佛的面前，發了**四十八個大願心**。（四十八個大願心，在無量壽經裏，會詳詳細細說明白的。）這四十八個大願心裏，第十八個大願心說，若是我成了佛，**十方世界**一切的眾生，（東方、南方、西方、北方、東南方、東北方、西南方、西北方、上方、下方，叫做十方。）若是誠心相信，並且願意生到我的國裏去，只要他念我的名號，就一定可以去的。倘若念我名號的眾生，不能生到我的國裏去，我就不願成佛了。阿彌陀佛有了這樣的大願心，才能成佛的。

這一部經裏所說的，都是說西方極樂世界種種的好處，和生到那裏去的方法。所以這一部經，叫做**阿彌陀經**。但是我們這些人，本來不曉得有西方極樂世界，也不曉得西方極樂世界，有說不盡、講不完的好處，更加不曉得用什麼方法，可以生到西方極樂世界去。釋迦牟尼佛的心，慈悲得很。哀憐我們這些人的苦惱，所以特地說這一部阿彌陀經。把西方極樂世界種種的好處，和修到西方極樂世界去的最容易、最簡便的方法，都在這部阿彌陀經裏，說給我們聽，教我們依這種方法去修，就一定能夠生到西方極樂世界去了。

這阿彌陀經四個字上面，加佛說兩個字，是要我們曉得，這一部阿彌陀經，是釋迦牟尼佛金口親說的，不是旁人假造出來的，佛絕對不說假話的。我們念這部阿彌陀經的人，都不可以有一點點疑惑心的，一定要切切實實的去相信。

這一句，是這一部經的名稱。

## 姚秦三藏法師鳩摩羅什譯

**解** 這部阿彌陀經，本來是西域的梵文。（西域，就是現在的印度國。梵文，就是印度國的文字。）

在從前南北朝的時候，秦國有一位精通各種經典的大法師，名字叫鳩摩羅什，把這部經翻譯成中國文字。

**釋** 中國在南北朝的時候，亂得很，分了好幾國，每個都自稱皇帝。那個時候，前後有兩個秦國。一個秦國的皇帝，姓苻名字叫堅，所以大家稱它做苻秦，也稱前秦。後來被姚萇奪位做了皇帝，雖然仍舊叫做秦國，但是皇帝改了姓姚的，所以大家稱它做**姚秦**，也稱後秦。這位法師，是姚秦時候的人，所以稱他做**姚秦三藏法師**。

**三藏**的三字，是指經、律、論，三種。**藏**字，是包藏的意思。因為經、律、論，三種，都包藏著許多的道理在裏面，所以叫三藏。就是經藏、律藏、論藏，三種。

**經**，是佛說的各種經。

**律**，是講應該守的各種戒律。（戒，是自己禁戒自己，不但不做種種的惡事，就連惡的念頭，一點也不轉。）有如我們在家庭的法律一樣。

**論**，是專門講許多佛法的道理。

經藏裏面，**戒**、**定**、**慧**，的道理，（戒、定、慧，三種道理，實在是佛經裏最必要修的。能夠在這三種道理上用功夫，才可以把一個人的種種壞處，漸漸的去掉。定，是一心一意、專誠用功佛法，不去轉一絲一毫別種亂念頭。慧字，在前面解釋「佛說阿彌陀經」一句的小註裏，已經講明白過了。）都講到的。不過講定的地方最多。律藏，是專門講一種戒的道理。論藏，是專門講一種慧的道理。

這位法師，精通這三種學問，所以稱他**三藏法師**。法師，是精通佛法的出家人，能夠用佛法來教導世人。

**鳩摩羅什**四個字，是法師的名字。

**譯**字，是翻譯的意思。中國所有的佛經，本來都是從印度各國請來的，都是印度的梵文。各種佛經，都是許多很高明的大法師，把梵文翻譯成中國文字。這部阿彌陀經，是鳩摩羅什法師翻譯出來的。

法師是印度地方中天竺國人，生在蔥嶺東的龜茲國。他的父親，名字叫鳩摩羅琰，做過宰相。他七歲的時候，就明白佛法的道理，後來專心用功，精通佛法。苻堅聽到了他的大名聲，就派一位將官，叫呂光，去攻打龜茲國，接法師來。等到呂光接到了法師，回到涼州地方，姚萇已經奪了皇帝的位，所以就在涼州住了幾年。後來姚萇的兒子姚興，做了皇帝，才把法師迎接來，拜他做國師。（國師，是皇帝拜他做師父的好名稱，皇帝拜他做師父就請他在全國傳揚佛法。）他所翻譯的佛經，總共有三百九十多卷。

他即將要死的前幾天，對許多人說道：我所翻譯的佛經，若是沒有翻錯，那麼我死後，燒起我的身體來，我的舌頭，不會焦爛的。後來他死了，就照佛教的規矩，把他的身體火化了。身體燒得一點也沒有了，只有這一條舌頭，還是好好的，沒有燒去。可見他所翻譯的這部阿彌陀經，一定一點兒沒有錯的。

我們念這部阿彌陀經的時候，姚秦三藏法師鳩摩羅什譯這一句，是不用念的。

這一句，是說這一部阿彌陀經，是某人翻譯的。

## 如是，我聞。一時，佛在舍衛國，祇樹給孤獨園。

**解**

我親自聽到佛是這樣說的。有一個時候，釋迦牟尼佛，（下面只稱佛。）在舍衛國的一個花園裏。這個花園，叫做祇樹給孤獨園。

這一部阿彌陀經，雖然是釋迦牟尼佛（下面只稱佛。）說的。但是佛說過了，並沒有記錄起來。後來佛的堂弟，就是佛的弟子，名叫阿難的。

**釋**

恐怕日期長久了，大家都記不得。所以特地把佛所講過的佛法，一句一句的都編集起來。

如是我聞的「**如是**」兩個字，是這個樣子的意思，就是指這一部經。我字，是阿難自己稱的。佛差不多要入涅槃的時候，阿難問佛，將來編集起佛經，開頭第一句，怎麼樣說法。佛回答阿難：佛經第一句，一定要用**如是我聞**四個字。才可以證明白這些經都是你阿難自己親自聽到佛說的，不是從旁人那聽來的。因為佛這樣吩咐過阿難的，所以阿難編集的各種佛經，開頭第一句，都有如是我聞四個字。

**一時**兩個字，是有這麼一個時候的意思。因為時候各處不同的，所以不能夠說定某年某月。譬如我們現在用的陽曆正月初一，在陰曆還是十二月。有的時候，可能還在十一月。又像夏朝的十一月，到周朝就算是正月了。又像忉利天的一晝一夜，（忉利天，和下面的夜摩天，在後面解釋「無量諸天大眾俱」一句，會詳細說明白的。）在我們這個世界上，已經是五百年了。夜摩天的一晝一夜，在忉利天，已經是五百年了。所以佛經上講到佛說法的時候，都是渾說一個時候，不能說定是在甚麼年份、月份，就是這個緣故。

**舍衛國**，是一個大國的國名，就是現在的印度地方。

**祇樹給孤獨園**，是舍衛國裏的一個花園。舍衛國有一個有財、有勢、有學問、有道德的人，名叫須達多。他時常周濟窮苦的人，所以都叫他給孤獨長者。（長者，是年紀大、道德高的稱呼。）那個時候，舍衛國的國王，有一個太子，名叫祇陀。他有一個花園，叫逝多園，裏頭樹木很多。這給孤獨長者，想向祇陀太子買這個花園，來造些房屋在裏面，請佛來說法。太子假裝不肯，說要用金子來鋪滿了這個花園的地，才肯賣給你。給孤獨長者聽了，就拿出自己家裏所有的金子來，鋪在花園的地上。那太子看他誠心得很，就把這個花園送給他。後來就以他們兩個人的名字，當做這個花園的名字，所以叫做祇樹給孤獨園。

一時佛在舍衛國，祇樹給孤獨園兩句經，是說明白佛在什麼地方。

## 與大比丘僧，千二百五十人俱，

**解**

和出家的一千二百五十人，在一塊兒。

**釋**

**與**字，是和的意思。

**比丘**，是梵語。出家的男子，受了具足戒的，叫比丘。就是俗人都稱他們為和尚的男子。出家的女人，受了具足戒的，叫比丘尼。就是俗人都稱她們為尼姑的女人。

**具足戒**的具足兩個字，是完全的意思。戒，是防備做不規矩的事情，和禁止做惡事情的方法。戒有好幾種，有多有少的。受具足戒就是受全戒，沒有比這種戒再多的了。受過了戒，就不可以再犯了。譬如受了殺戒，就不可以殺活的東西了。出家的男子，受的具足戒，總共有二百五十條。受了這二百五十條具足戒的男子，才可以算是比丘。出家的女人，受的具足戒，總共有五百條，受了這五百條具足戒的女人，才可以算是比丘尼。凡生到西方極樂世界去的人，都是男身。即使是婦女們，倘若生到了西方極樂世界去，也都會變做男身。這是阿彌陀佛四十八個大願心裏，有一個願說道：我若成了佛，倘若生到我的國裏來的女人，仍舊是女身，我就不願成佛。阿彌陀佛發過這樣的大願心，所以西方極樂世界，只有男身，沒有女身，因為只有男，沒有女，所以只有比丘，沒有比丘尼。

但是這部經裏所說的**大比丘僧**，都是釋迦牟尼佛的弟子，在舍衛國聽佛說法的，並不是西方極樂世界的人。**僧**字，是許多人和合在一起的意思。因為出家人，是許多人和合在一起修行的，所以叫做僧。這一句，比丘上面，加一個大字。可見這些比丘，都是道行很高的，並不是初出家的人，能夠比的。

**俱**字，是在一起的意思。這些比丘僧，同佛常常在一起的，總共有一千二百五十人。佛得道後，最先度脫他們的。又僧字，是從菩薩起，直到初出家受過具足戒的，都可以稱的。

這兩句，是說和佛在一起的人的數目。

## 皆是大阿羅漢，眾所知識，

**解**

上面所說的一千二百五十人，都不是平常的出家人，都是大阿羅漢。大家都知道他們，認識他們。

**釋**

**阿羅漢**，就是俗人叫做羅漢的。一個人修行，將來就會得到好報應。一個人造業，將來就會得到苦報應。

修行修到樣樣完全，樣樣圓滿，就成**佛**了。

修六度萬行的，就是**菩薩**。

修十二因緣的，就是**緣覺**，又叫辟支佛。

修四諦的，就是**聲聞**。

修上品十善業的，（業字，凡是所轉的念頭、所做的事情，不論善的惡的，都叫做業。轉善念頭、做善事情，就叫善業，轉惡念頭、做惡事情，就叫惡業。）生在**天道**。就是生到天上去，做天上的人。

修中品十善業的，生在**人道**。（還有一種說法，是守五戒的，生在人道。五戒，下面會說明白。）

修下品十善業的，生在**阿修羅道**。（修得最認真的，叫做修上品。差一點的，叫做修中品。再差一點的，叫做修下品。）阿修羅，是鬼神的另外一種。他前生很肯修福的，但是有妒忌旁人的心，並且發火的心，很厲害的，所以就落在這阿修羅道裏去了。

犯下品十惡業的，生在**畜生道**。

犯中品十惡業的。生在**餓鬼道**。

犯上品十惡業的，生在**地獄道**。（十惡業犯得最重最多，叫做犯上品。差一點的，叫做犯中品。再差一點的，叫做犯下品。上面是把修行造業的各種人、所受的種種報應、為什麼不一樣的原因，大略說一點，到下面再一種一種的說清楚。）

**六度**：

第一是**布施**。（梵語叫檀那波羅蜜。）但是布施有兩種。一種叫法施，就是拿佛法來勸化人。一種叫財施，就是拿錢財物件來周濟窮苦人。

第二是**持戒**。（梵語叫尸羅波羅蜜。）就是守住佛的禁戒，不造各種惡業。

第三是**忍辱**。（梵語叫羼提波羅蜜。）就是忍耐一切苦痛。受了旁人的欺侮，不同他爭鬧。

第四是**精進**。（梵語叫毘梨耶波羅蜜。）就是各種善事，肯發狠的去做。各種惡事，肯發狠的禁止。

第五是**禪定**。（梵語叫禪那波羅蜜。）就是把這個心，安住在真如實相的道理上。（真如實相四個字，在前面解釋「佛說阿彌陀經」一句，已經詳細講明白了。）不放它散開來，想雜亂的念頭。

第六是**智慧**。（梵語叫般若波羅蜜。）就是能夠分別真正的道理，破除種種的迷惑。

**萬行**，是**修一切的功德**。菩薩專門這樣的修，等到功行修圓滿了，就成佛了。

**十二因緣：**

第一是**無明**。就是不明白真正道理的意思。因為不明白道理，就會生出種種的煩惱來，所以又叫做煩惱的根本。

第二是**行**。行字的意思，就是沒有停歇。因為種種的煩惱，沒有停歇的時候，常常動起心來，就造出種種的業來了。

第三是**識**。識，是業識，就是妄想分別的心。（分別，是不論什麼事情、什麼東西，都去分別它好的、不好的，喜歡的、不喜歡的。）因為一個人前世有了種種的業，就被這種種的業，感動了這個識。看見有可以投胎的地方，就去投胎了。

第四是**名色**。（這個時候，一個人的識，還沒有什麼大用處，只有這個識的名稱，所以叫做名。身體雖然沒有完全長好，但是已經漸漸的要成為色身了，所以叫做色。）就是投了胎，識和身體，都漸漸的長大起來了。

第五是**六入**，又叫六根。就是眼、耳、鼻、舌、身、意，（意，就是念頭。）完全長好了，要出胞胎了。

第六是**觸**。就是初生出來，年紀二、三歲的時候，對於各種東西、各種事情，還不會分別它好的、壞的、苦的、樂的。

第七是**受**。就是年紀到了六、七歲的時候，對於各種東西、各種事情，漸漸的會分別起好壞來。就覺得有時受到樂，有時受到苦了。

第八是**愛**。就是年紀到了十幾歲的時候，會生出種種愛的心、貪的心來了。並且生得很厲害。

第九是**取**。就是到了成人的時候，這種種的愛心、貪心、更加厲害。想到什麼，就一定要得到手。

第十是**有**。有字，就是業字的意思。因為有了要的心，就會生出煩惱來。有了煩惱，就會造出種種業。既然造了業，就有將來的結果報應。

第十一是**生**。就是照現在所造的善業、惡業，將來就要受生生死死的苦。並且還不知道生到什麼地方去哩！

第十二是**老死**。就是既然有了生的苦，就一定有老的苦、死的苦了。

第一種的無明，最是迷惑人的東西。有了這種無明，一個人就糊糊塗塗的，隨便造業。造了業，就要受報應了。受報應，就是在這個生生死死裏，出了又進，進了又出。或是投人身、或是投畜生，總歸逃不出這個關頭。所以這個無明，其實是一個人生生死死的根本。有了這個根，就自然會生出第二種的行。一直生出到第十二種的各種因緣來了。

一個人死了，死的是軀殼。他的靈性，（靈性，是最靈妙的知覺性，並不是大家所說的靈魂。靈魂，是常常要變的。靈性，是永遠不變的。知覺性，是眾生本來有的性。有了這個性，才有知覺。沒有這個性，就和木石一樣了，所以叫做知覺性。）仍舊還在，不會死的。他的無明，也仍舊沒有破去，所以免不得還要投生做人。

因緣的因字，是種子的意思。緣字，是幫助成為的意思。譬如種稻，一粒穀，是因。土地、雨水、和種田人的做工，是緣。不論什麼事情，都要有因、有緣，才會成功。一個人所以生了又死，死了又生，逃不了這個生死的苦，就因為有了這十二種因緣的緣故。

緣覺曉得了生生死死的苦，所以就在這十二種因緣上用功。自己開悟了，得了道，就成了一個不生不死的身體。因為他們覺悟了這十二種的因緣，所以稱他們做緣覺。

**四諦：**

第一是**苦諦**。諦字，是見到了真實的道理，一點也沒有錯的意思。苦諦，就是苦報應。

第二是**集諦**。集字，是聚集的意思。就是貪、瞋、癡等種種的煩惱，（貪、瞋、癡，三個字，下面會講明白的。）和種種的惡業，能夠聚集起各種苦報應來。

第三是**滅諦**。就是滅除生生死死的苦惱。

第四是**道諦**。就是照真正的道理修行。因為有了第二種的種種煩惱惡業，就有第一種的苦報應。所以要修真正的道理，才可以滅除生生死死的苦惱。

聲聞明白了這種道理，就在這四種道理上用功夫，修到了不生不死的地位。

但是聲聞還有四種分別，叫做四果。果字，就是結果的意思。修到什麼功夫，就結成什麼果。（也有叫作果位的，加一個位字，就是得什麼位子的意思。）

功夫最淺的，第一種果，叫**須陀洹**。這個名字，是梵語。翻譯成中文來，叫做入流，也叫做預流。意思就是剛剛明白真正的道理，可以進到聖人一類的地位了。

功夫稍稍深一點的，第二種果，叫**斯陀含**。也是梵語。翻譯成中文來，叫做一來。意思就是這個人死了，就生到天上去，做一世天上的人，再生到我們人的世界上來。做一世的人，就能夠斷盡生死的苦惱，不再受生死了。

功夫更加深一點的，第三種果，叫**阿那含**。也是梵語。翻譯成中文來，叫做不來。意思就是這個人死了，生到色界的天上去，有的在這一層天上，證到第四種果，就了生死了。（了生死，就是不再生了又死、死了又生。）有的在色界的各層天裏，一層一層的升上去，受了幾次的生，才了生死的。還有的要從色界天上，一直生到了無色界天上去，才了生死的。（上面所說的色界天、無色界天，下面解釋「無量諸天大眾俱」一句，會詳詳細細說明白的。）但是總歸在天上修，一直要修到煩惱都斷得清清淨淨，不再生到人的世界上來。

功夫最深的，第四種果，就是**阿羅漢**，也是梵語。翻譯成中文來，叫做無生。意思就是一切煩惱，都斷得清清淨淨，一點也沒有，不再受生死的苦惱了。這四種果，總名叫聲聞。羅漢，是聲聞裏面最高的一位。

緣覺和聲聞，只知道自己要逃脫這生生死死的苦，不肯發心度人的。不像菩薩，一邊自己修，一邊就專門想度盡世界上人的苦。所以聲聞、緣覺，叫做小乘。菩薩才是大乘。

但是聲聞、緣覺，既然修到了阿羅漢、辟支佛的地位，他們不論遲早，一定會回轉小乘的心來，歸向到大乘的佛道上去。發大願心，學做菩薩。情願再到世界上來，度脫一切苦惱的眾生的。到了這樣的地步，就是菩薩了。但是有的在這一世裏發大心的，（大心，就是大乘心、大願心。）有的要過了許多劫數，才發大心的。但是一定沒有永遠不發大心的。

乘，就是車。**大乘**，譬如大的車，可以多裝東西的。**小乘**，譬如小的車，不能多裝東西的。這是譬喻菩薩的心量大，（心，就是心思。量，就是限量。心量，其實就是俗話的度量。凡夫的心量，有限制的，所以小。菩薩的心量，沒有限制的，所以大。）能夠度一切眾生。聲聞、緣覺的心量小，不能夠多度眾生。度脫的眾生多，就是修行的功德大。等到修行的功德圓滿了，就成了佛了。聲聞、緣覺，雖然不致於再到我們這個世界上來做人，受生生死死的苦，但是倘若不發度人的大願心，修菩薩的道，那就終究只不過是聲聞、緣覺罷了。不只是不能夠成佛，並且也不會成菩薩的。所以一個人修行，總要發度人的大願心，不可以只管自己、顧自己的。

**十善**，是身三業，口四業，意三業。身三業，就是身體上造出來的三種業。口四業、就是口上造出來的四種業。意三業，就是意思裏造出來的三種業。

**身三業**，第一是**殺業**。不要說殺人了，即使最小的蚊蟲蒼蠅，也是一樣的命，都不可以殺的。不吃素的人，這殺業就犯得多了。第二是**盜業**，不要說強搶了，就是拿旁人的東西，你沒有告訴他，他沒有允許，你就先拿了，就算是盜。第三是**淫業**。不要說淫人家的妻女了，就是嫖了娼妓，也就犯了淫了。婦女同旁人家的男子，私底下往來，也一樣是犯淫業。

**口四業**，第一是**妄言**，就是說假話。第二是**兩舌**，就是搬弄是非。第三是**惡口**，就是咒罵人。第四是**綺語**，就是說輕薄話。

**意三業**，第一是**貪**，就是貪心不足。第二是**瞋**，就是動火發恨。第三是**癡**，就是心裏轉的念頭，不合正當的道理。並且不相信因果，（因果兩個字，說起來，就是報應。下面解釋「彼佛何故號阿彌陀」一句，會詳細講明白的。）不相信一個人死了，他的靈性仍舊不滅的道理。

身三業，口四業，意三業，合併起來，成十業。犯了就是十惡業。戒了就是十善業。

**五戒**和十善，差不多的。第一是**戒殺**。第二是**戒盜**。第三是**戒淫**。第四是**戒妄語**。妄語一種，就包括兩舌、惡口、綺語，三種在裏面了。第五是**戒飲酒**。因為酒最容易迷人的心，一個人喝醉了酒，就會做出種種不規矩的事情來的，所以也要戒的。這五戒若是不守住，就不敢保證這個人身，一定靠得住。

（凡在家的男子，受了五戒，叫做優婆塞。在家的女人，受了五戒，叫做優婆夷。）

**天道**、**人道**、**修羅道**、**畜生道**、**餓鬼道**、**地獄道**，叫做**六道**。若是一個人不修到西方極樂世界去，總是在這六道裏，出出進進，逃也逃不出。善的就生在天道、人道、阿修羅道裏，叫做三善道。惡的就墮落到畜生道、餓鬼道、地獄道去，（墮字，是跌落下去的意思。）叫做三惡道。

這一段解釋了很多，只有在說明羅漢的幾句話，和前面的經文有關係。還有許多話，就和經文沒有關係了。那麼為什麼要去講它呢？因為佛法裏，這些大略的道理，也應該要曉得一點，所以一起把它大略說說。看懂了，當然是最好，看了不明白，可以不去管它。

這兩句，是說和佛在一起的許多人，是怎麼樣的一群人。

長老舍利弗、摩訶目犍連、摩訶迦葉、摩訶迦旃延、摩訶俱絺羅、離婆多、周利槃陀伽、難陀、阿難陀、羅姤羅、憍梵波提、賓頭盧頗羅墮、迦留陀夷、摩訶劫賓那、薄拘羅、阿㝹樓馱，

解

這是道行高、出家年數多的，舍利弗等十六位。

釋

**長**字，是說道行高。

**老**字，是說出家的年數多。

**長老**兩個字，不只是稱舍利弗一位，從舍利弗起，至阿㝹樓馱，總共十六位，都是道行高的，出家的年數多的，所以都稱他們做長老。但是道行高和出

家的年數多，兩種中有了一種，也可以稱長老。

**舍利弗**，就是舍利子。在佛的許多弟子裏，要算智慧最高，（智慧和聰明，雖然差不多，但是終究是不同的。聰明可以用在正路上，也可以用在邪路上，智慧是能夠分明白邪正的道理的。）所以稱他智慧第一。

**目犍連**，就是目連，神通最大。所以稱他神通第一。

**摩訶迦葉**，專門苦修的。佛哀憐他年紀老了，勸他休息，他仍舊苦修。所以稱他頭陀第一。（頭陀，是梵語。有除去、洗淨的意思。總共有十二種刻苦修行的規矩，都是出家人學的，大概都是除去種種煩惱，洗淨心思的方法。）

**摩訶迦旃延**，他對旁人講起道理來，能夠使大家相信他、佩服他的說法。所以稱他論議第一。

**摩訶俱絺羅**，口才最好，隨便問他甚麼，都能夠回答的。所以稱他答問第一。

**離婆多**，他的心很正的，沒有一點顛倒的念頭。又是很定的，沒有一點散亂的念頭。所以稱他無倒亂第一。

**周利槃陀伽**，他的根機，是很鈍的。（鈍，就是沒有智慧。）佛教了他兩句偈，（**偈**字，是梵語。就是中國的一個頌字，是稱頌、頌揚的意思。佛經，凡是句子有長短的，叫做長文。句子的字數多少是一樣的，叫做偈，也叫做頌。有每一句三個字的、有每一句四個字、五個字、六個字、七個字的，各樣的偈，和中國的詩差不多。）就一心一意的讀這兩句，想這兩句的道理，後來竟然就明白一切的佛法了。所以稱他義持第一。（義字，就是道理。持字，是守牢的意思。）

**難陀**，是佛的同胞弟。最講究禮節，並且相貌也好。所以稱他儀容第一。（儀字，就是禮節。容字，就是相貌。）

**阿難陀**，是佛的堂弟。就是編集這部阿彌陀經的。他做佛的侍者，（近身服侍的人，叫做侍者。）做了二十五年。佛每次說法，他總是聽到的。並且佛從前所說的法，他沒有聽到的，佛也重新跟他說過一遍。他所聽的佛法，就比大家，格外多了。所以稱他多聞第一。

**羅𡛥羅**，是佛的太子。他的功行，祕密得很，只有佛知道他。所以稱他密行第一。

**憍梵波提**，因為他過去千萬世的時候，嘲笑了出家人，所以經過許多劫數的時代，墮落在畜生道裏做牛。後來報應滿了，做了人，吃起東西來，還像牛反芻的樣子。佛怕旁人看見了，會嘲笑他，而造成輕慢聖人的罪了，所以教他長久在天上、受天上人的供養。所以稱他受天供養第一。

**賓頭盧頗羅墮**，佛吩咐他長久住在世界上，受這末法時代的供養。（從釋迦牟尼佛成佛的時候算起，叫做**正法的時代**，總共是一千年。過了這一千年，叫**像法的時代**，總共也是一千年。又過了這一千年，叫**末法的時代**，總共是一萬年。現在正在末法的時代，已經過了九百五十多年了。）所以稱他福田第一。（福田，是說修了功德，一定能夠受到享福的報應，和下了種子在田，一定得到收成，一樣的意思。）

**迦留陀夷**，佛常常差遣他出去教化人，（教字，是教導的意思。化字，是勸化的意思。）所以稱他教化第一。

**摩訶劫賓那**，懂得天文的。所以稱他知星宿第一。

**薄拘羅**，因為他從前周濟過一個有病的出家人，並且還能夠守不殺生的戒。有了這兩種功德，就世世做人，都是長壽的。所以稱他壽命第一。

**阿㝹樓馱**，也是佛的堂弟。因為眼睛瞎了，佛教他修一種定心的法子，就得到了天眼通。（天眼通，下面解釋「其土眾生、常以清旦」一節，會說明白的。）比了旁人的天眼，更加特別。所以稱他天眼第一。

照這部經裏說，同佛在一塊兒的羅漢，有一千二百五十人之多。若是把他們的名字，一位一位都提出來，那就煩得不得了。所以只把這道行最高，出家年數最多，並且各有一種特別的好處的十六位，提出來，做個榜樣。

這一段，是說一千二百五十人，都是大羅漢。大羅漢裏，有某某等這幾位。

## 如是等諸大弟子。

**解**

有這樣的許多大弟子。

**釋**

**諸**字，是許多的意思。舍利弗等一千二百五十人，都是佛的弟子。並且已經都成了羅漢的，所以稱他們做**大弟子**。

這一句，是說這許多的大比丘，都不是平常的出家人。

## 并諸菩薩摩訶薩，

**解** 還有許多大菩薩。

**釋** **菩薩摩訶薩**，是梵語。若是完整說起來，應該說菩提薩埵、摩訶菩提薩埵。

**菩提**，是覺悟的意思。（覺，就是不迷。悟，就是醒悟。）又有使旁人醒悟的意思。

**薩埵**，是眾生的意思。

**摩訶**，是大的意思。就是能夠用佛法來化導眾生，使眾生能夠明白真實的道理。並且是大大的化導，要一切眾生，都成佛。

**菩薩摩訶薩**五個字，併起來說，就是這樣的意思。若是照字眼講起來，就是大菩薩三個字。

這一句，是說不只是有一千二百五十位大羅漢，並且還有許多大菩薩哩！

## 文殊師利法王子、阿逸多菩薩、乾陀訶提菩薩、常精進菩薩，

**解** 就是文殊師利法王子等，各位大菩薩。

**釋** 這是四位大菩薩的名字。

**文殊師利法王子**，就是**文殊菩薩**。在許多菩薩裏，智慧最高。所以把他的名字，排在各位大菩薩裏的第一位。和把舍利弗排在許多羅漢裏的第一位，是一樣的意思。

**阿逸多菩薩**，就是**彌勒菩薩**。現在各處寺院裏，山門口的一尊開了口笑的菩薩，就是他的形像。但是要曉得，這一尊像，是唐朝時候，一位布袋和尚的像。因為這位和尚，是彌勒菩薩現出來的**化身**。（化身，就是化現出來的身體。像釋迦牟尼佛，本來是已經成了佛的，他的法身，一些沒有變動，那投生

做太子的身體，就是釋迦牟尼佛的化身。大略說起來，化身和應身，是差不多的。不過應身只有佛能夠有，化身就菩薩以下都有的了。）所以塑這樣的像，要人家曉得菩薩常常在世界上顯現的道理。若是講到彌勒菩薩的本像，那就和文殊菩薩、普賢菩薩，一樣的。從釋迦牟尼佛成佛後，將來第一個成佛的，就是現在經上的這位阿逸多菩薩。將來就稱做彌勒佛。他的心，最是慈悲。

**乾陀訶提菩薩**，就是**不休息菩薩**。因為他不曉得經過了幾千萬萬年，一直修行，從來不休息。所以得了這個名字。

**常精進菩薩**，照大寶積經裏說，（大寶積經，是一部經的名稱。）這位菩薩，為了一個眾生，不曉得費了多少的年代、去勸化他，還是不肯受勸。菩薩卻仍舊跟著他，用種種的方法教化他，沒有一點厭倦心。所以稱他叫**常精進**。

佛說法的時候，來聽法的菩薩，非常多。若是把他們的名字，一位一位都提出來，也太煩了，所以揀幾位提出來。但是為什麼提出他們這四位呢？那是有道理的。因為修這個生到西方極樂世界去的方法，必定要有**信**、**願**、**行**，三種的心，（信，是相信。願，是情願。行，是照修行的方法修。下面解釋「眾生聞者、應當發願」一節，會詳細說明白的。）才能夠成功。若沒有大智慧的人，就不能夠發起真實的信心來。沒有大慈悲的心，就不能夠發起度脫一切眾生的願心來。倘若不發度脫眾生的這個大願心，那就和阿彌陀佛的願心，不能夠相應了。那麼即使願意生到西方極樂世界去，恐怕也不能夠成功。

有了這信心、願心，還要切切實實的念佛，不可以一天不念。若是今天念了，明天不念，那也是不會成功的。並且要把念佛求生到西方極樂世界的念頭，時時刻刻，放在心上。不可以念過了佛，就把這個念頭拋開。所以一定要學那文殊菩薩的真智慧，發起信心來。學那彌勒菩薩的大慈悲，發起願心來。再學那不休息、常精進，二位菩薩修行的樣子，一心一意的念佛，才能夠成功。這裏特別提出他們四位來，就是給修行人做一個榜樣的意思。

這一段，是說大菩薩裏面，有某某等這幾位菩薩。

## 與如是等諸大菩薩。

**解**

和這樣許多的大菩薩。

**釋**

這一句，是說還不止上面所說的四位大菩薩。

## 及釋提桓因等，無量諸天大眾俱。

**解**

還有釋提桓因等，許多天上的人，和各種的人，都在一塊兒。

**釋**

**及**字，是和的意思。

**釋提桓因**，就是道教裏所說的玉皇大帝，其實就是第二層天上的天帝。

從我們頭上一直上去，總共有二十八層天。

第一層天，叫**四天王天**。在須彌山山腰的四周圍，各有一位天王。東天王，名叫持國天王。南天王，名叫增長天王。西天王，名叫廣目天王。北天王，名叫多聞天王。這四天王天，因為在須彌山山腰的四周圍，所以覆蓋不到我們這個世界。

第二層天，叫**忉利天**。在須彌山的頂上，就是我們頭頂上的天，這一層天的天王，就是釋提桓因，也叫帝釋。佛經上說過的，她從前在迦葉佛的時候，

（迦葉佛在什麼時候，下面解釋「其中都有一生補處」一句，會說明白的。）是一個平常的女人。她因為看見迦葉佛入了涅槃，就發一個大願心，要造一座塔來供養迦葉佛。在那個時候，還有三十二個女人，幫助她造塔，就滿足了這個大願心。靠了這種善業，她就做了忉利天王。忉利天的四邊，東、南、西、北，每方各有八天，總共有三十二天。各天的天王，就是那三十二個女人做的。但是這三十二天，都歸釋提桓因管的。可見得造塔造廟的功德，是大得不得了的，所以有這樣大的好報應。

再上去的天，叫**夜摩天**、**兜率天**、**化樂天**、**他化自在天**。從我們這個世界下面的最下一層地獄，叫阿鼻地獄起，（**阿鼻地獄**的阿字，是梵語，就是中文的無字。鼻字，就是中文的間字，所以又叫**無間地獄**。就是常常不停歇的受苦、沒有一點間斷的時候。地獄的種類很多，這阿鼻地獄，是最苦的、犯罪最重的，就要墮到阿鼻地獄裏去的。）往上面經過我們的這個世界，一直到他化自在天，總共六層天，都叫做**欲界**。因為生在這裏的人，都有男女情慾的，所以叫做欲界。

從欲界六天再上去，叫做四禪天，就是**色界**，總共有十八層天。叫梵眾天、梵輔天、大梵天，這三層天，叫做初禪三天。再上去，有少光天、無量光天、光音天，這三層天，叫做二禪三天。少淨天、無量淨天、徧淨天，這三層天，叫做三禪三天。福生天、福愛天、廣果天、無想天、無煩天、無熱天、善見天、善現天、色究竟天，這九層天，叫做四禪九天。凡是生到這十八層天上去的人，都沒有淫慾了。並且只有男人，沒有女人的。不過那些人的身體，都還是有形狀顏色，可以看得見的色身。（色身，就是有形狀顏色，可以看見的身體。）所以這十八層天，叫做色界。

從這個色界再上去，又有四層天。叫做空無邊處天、識無邊處天、無所有處天、非想非非想處天。住在這四層天上的人，連色身都看不見了，所以叫做**無色界**。

總共二十八層天，都叫做**天道**。佛經裏常常說的**三界**，就是這欲界、色界、無色界。

**無量**兩個字，是很多很多的意思。

**諸**字、是許多的意思。

因為天多得很，不但是一直上去的二十八層天，和忉利天四周的三十二天，所以叫**諸天**。

**大眾**兩個字，不只是說天上的許多人。並且包括阿修羅，和旁的世界的各種人，還有龍王等，都在裏面。

**俱**字，就是在一塊兒的意思。

這兩句，是說不只是大羅漢、大菩薩，還有許多天上的人，各方世界上的人，和龍王等，都在那裏聽佛說法。

## 爾時佛告長老舍利弗：

**解** 在那個時候，佛告訴長老舍利弗道。

**釋** **爾時**兩個字，是那個時候的意思，就是佛說法的時候。

佛一般的說法，都是先有人問了再說的。只有這部阿彌陀經，沒有人問，自己先說的。這是因為佛看見我們這個世界上的人，造業造得太多了，受苦也受得太深了。哀憐我們世界上的人，心思太悲切了，急急要人曉得，有這麼一個好地方，有這麼一個好方法，可以使我們這個世界上的人，不要再受種種的苦。所以等不及有人問，就先說了。

但是這種很深很妙的方法，如果不是真正有智慧的人，恐怕聽了，心裏不免有點疑惑。倘若有了一點點疑惑心，那就不能夠發起願心來，依照這樣的方法，切切實實去修行。要曉得天下的事情，都是靠了這個切實的信心，做成的，何況是修佛法呢？

**舍利弗**在佛的弟子裏，是第一個有智慧的人。對佛說的道理，比較容易明白。所以佛叫了他的名字，對他說。雖然好像只對舍利弗一個人說，其實是對大眾說的。並且佛說的時候，在那裏的大眾，沒有一個沒聽到的。他們看見舍利弗這樣有智慧的人，聽了佛說的這種方法，一點也沒有疑惑。大家就知道這個方法，一定沒有疑惑的地方，應該要發起信心、願心、來了。佛所以特地叫舍利弗的意思，就是要大眾發起信願心來。這個道理，不可以不明白的。

從這一句起，下面都是佛說的話了。

## 從是西方，過十萬億佛土，有世界，名曰極樂。

**解**

從我們這個世界，一直向西方去，經過十萬億個佛的世界。那個地方，另外有一個世界，叫做極樂世界。

**釋**

前面的許多話，都是阿難編集這部經的時候，說明佛說法的時候，種種的情形。從這裏開始，都是佛所說的話了。

**從是**的**是**字，就是指我們這個世界。我們這個世界，叫娑婆世界。娑婆兩個字，是梵語，是會忍耐的意思，就是說我們這個世界上的人，會忍受這樣的苦，現在我們所住的地方，叫做南贍部洲，在須彌山的南邊。須彌山的四周圍，總共有四個洲。東邊的叫東勝神洲，也叫弗娑提。南邊的就是我們所在的這個**南贍部洲**，也叫閻浮提。西邊的叫西牛賀洲，也叫瞿陀尼。北邊的叫北俱盧洲，也叫鬱單越。

**億**字，就是一千萬。（億有十萬、百萬、千萬、萬萬，四種的說法。華嚴經裏，所說的億，都是在百萬以上，可見億的單位，必定比較百萬還大。金光明經說，一個大千世界，有百億日月、百億須彌山，合算起來，億字就是作一千萬。這部阿彌陀經裏所說的億，不可以照十萬算的，因為記大數目，必定是用大的單位。靈峰蕅益大師的「彌陀要解」裏，就說這億是一千萬，大師的註解，一定是有根據的。）

**佛土**，就是佛所住的、所教化的世界。一個佛土，是一個三千大千世界。甚麼叫做三千大千世界呢？每一個**世界**，照直向講起來，從地獄起，一直向上到大梵天，在這裏面，有一個日，一個月，一座須彌山。日和月，都在須彌山的山腰周圍行的。照橫向講起來，在須彌山外邊，有香水海，再外邊、有七金山。每一座金山，隔一道香水海，總共有七道香水海，七座金山。那須彌山，都是四種寶貝合成的。（四種寶貝，下面解釋「皆是四寶周匝圍繞」一句，會說明白的。）不像我們現在所看見的山，是泥土和石頭合成的。須彌山在水底下，有八萬由旬。（每一由旬，有四十里。）在水面上，也有八萬由旬。第一座金山，是須彌山一半的高。第二座，是第一座一半的高。每向外一座，高度就減少一半。第七座金山的外邊，有一道鹹水海。上面所說的東、南、西、北，四個洲，就在這鹹水海的上面。鹹水海外邊，就是鐵圍山。這樣許多的天，許多的山，許多的海，算是一**個世界**。

這樣的一千個世界，叫一個**小千世界**。一千個小千世界，叫一個**中千世界**。一千個中千世界，叫一個**大千世界**，也就叫做一個佛土。因為裏面有小千、中千、大千，三個千的數目，所以叫**三千大千世界**。並不是一個佛土裏面，有三千個大千世界，不要解釋差了。

**過十萬億佛土**，就是從我們這個世界算起，一直向西過去，經過一萬萬萬個三千大千世界，便到極樂世界了。

這兩句，是說西方極樂世界，在什麼地方。

## 其土有佛，號阿彌陀，今現在說法。

**解** 那個西方極樂世界，有一尊佛，名叫阿彌陀佛。現在正在那裏演說佛法。

**釋** **阿彌陀**佛，是西方極樂世界的教主，（教主兩個字，在下一節裏，會說明白的。）永遠在西方極樂世界的，並且永遠在西方極樂世界說法的。

釋迦牟尼佛出世的時候，阿彌陀佛已經在那裏說法了，現在也仍舊在那裏說法，即使再過了無窮無盡的年代，也還會在那裏說法。這是阿彌陀佛，和別個世界上的佛，特別不同的情形。

生到西方極樂世界去，真實的好處，就在這道理上。因為常常可以聽到阿彌陀佛的說法，永遠不會停歇的，所以能夠容易修成。

這三句，是說西方極樂世界，有什麼佛在那裏？在那裏做什麼事？

**舍利弗！彼土何故，名為極樂。其國眾生，無有眾苦，但受諸樂，故名極樂。**

**解** 佛又叫舍利弗道：那個世界，為什麼叫它做極樂世界呢？因為生在那個世界裏的許多人，沒有種種的苦惱，只有享受種種的快樂，所以叫做極樂世界。

**釋** 這部阿彌陀經裏，除了舍衛國的國字，所有別處的國字，都作一個大千世界解釋。因為一個大千世界，就有一尊佛做教主。凡是這一尊佛所教化的一個大千世界，就像一個王，管理一個國，所以這一尊佛就稱做教主。這**一個大千世界**，就稱做**國**。

若照我們現在所稱做國的來說，單是一個南贍部洲，就已經有許多的大國、小國。那一個大千世界裏，更有無窮無盡的國了。但是這種國，都是人的國，不是佛的國。

下面的解釋裏，凡是講到國字的地方，都是說佛國的，就是一個大千世界。這裏的**其國眾生**的**國**字，是指西方極樂世界說的。

阿彌陀佛，是教化西方極樂世界一切眾生的。所以阿彌陀佛，是西方極樂世界的教主。

釋迦牟尼佛，是教化我們這個娑婆世界一切眾生的。所以釋迦牟尼佛，是我們這個娑婆世界的教主。

**眾生**兩個字，除了佛，都可以叫的。**菩薩**、**緣覺**、**聲聞**、**天道**、**人道**、阿修羅道、畜生道、餓鬼道、地獄道，都是眾生。但是這種說法，是普通的說法。這部經裏所說的其國眾生，雖然也有天道、人道，二種在裏面，但是已經都成了菩薩、聲聞的聖人了。一定沒有凡夫在那裏面。何況是阿修羅、畜生、餓鬼、地獄、四種惡趣呢？（阿修羅道，善惡夾雜的，所以有的時候，和天道、人道，叫做**三善道**。有的時候，和畜生、餓鬼、地獄，叫做**四惡趣**。惡趣兩個字，同惡道差不多的意思。）

**眾苦**兩個字，有許多說法。有三苦、十苦、一百十苦，種種的分別。最普通的，有八種苦。我們這世界上的人，無論你是富的、貴的，都免不了。

第一種苦，叫**生苦**。就是一個人在娘肚裏的時候，氣悶得不得了。娘吃點熱的東西下去，就像在火山旁邊一樣的熱。娘吃點冷的東西下去，就像在冰山旁邊一樣的冷。娘吃飽了，又像有一座山壓下來一樣的重。等到要生下來的時候，像是有兩座山，把他夾住了，硬在這兩座山中間鑽出來。那些痛苦，都是說不盡的。所以小兒生下來，總是哭的，就是這個緣故。

第二種苦，叫**老苦**。就是人到了老的時候，苦惱得很。要看什麼東西，眼睛看不明白了。要聽什麼話，耳朵聽不清楚了。要吃什麼東西，牙齒脫落了，咬不動了。要走到什麼地方去玩玩，腳又沒有力了，走不動了。冷起來，格外的怕冷。熱起來，格外的怕熱。在交換節氣的時候，又覺得腰痠背痛了。這種苦，哪裏說得盡呢？

第三種苦，叫**病苦**。生病是最公道的，哪怕你是富的、貴的人，病起來，和貧的、賤的人一樣。要吃，吃不下。要睡，睡不著。要走，走不動。肚裏種種的難過，渾身種種的不舒服。還要吃許多極苦的湯藥。厲害的病，還會覺得痛得不得了，從日到夜，叫天叫地。到這個時候，什麼人能代替他呢？有一句俗語說得好，英雄只怕病來磨。這叫有法沒用處的。

第四種苦，叫**死苦**。一個人到死的時候，伸手牽腳，扮鬼臉，看他種種的樣子，就曉得這種苦，實在是不容易受的。想要說話，舌根硬了，不能說了。或是神志不清楚了、或是人雖然清楚，喉嚨裏被痰塞住了，說不出來了。要透氣，氣又逆了，透不過來了。渾身痛苦，四肢百節，處處像硬被拆開來一樣。要死又偏偏氣不肯斷，死不下去，看了自己家裏的人，真是心痛難熬。這樣種種的苦，可惜人死了不會說話，所以很多人都不曉得。

第五種苦，叫**愛別離苦**。就是極恩愛的夫妻兒女，天天在一塊兒，不肯離開一步的。有時為了求衣求食，要出門去了，有時碰到了刀、兵、水、旱，各種災難，只得硬了心腸，各走各的路。那一種難分難捨的苦處，真是說不出，描不來的。又像要死的時候，那不只是恩愛情重的人，要分別了，就是平時最愛的東西，哪一樣不跟它離開呢？所以人到了臨死的時候，往往流下眼淚來，都是因為捨不得丟開的緣故。

第六種苦，叫**怨憎會苦**。就是我們總有不喜歡的人、或是向來有怨仇的人，要來壞我的名譽、或是要來謀我的財產、或是要來傷我的性命。巴不得避開他，不要見面。哪裏知道偏偏又常碰到，逃也逃不過，碰到了就生出種種的煩惱來。這種事情，在我們這個世界上，是很多的。

第七種苦，叫**求不得苦**。就是要東不得東，要西不得西。譬如想要一件東西、或是盼望做成一件事情、或是想到一個地方去、或是想見喜歡的人，偏偏都做不到，種種都不能稱我的心。這種情形，哪怕是有錢有勢的人，也是很多的，哪裏樣樣都能夠稱心呢？

第八種苦，叫**五陰熾盛苦**。（五陰，也有叫做五蘊的，字眼儘管不同，意思是一樣的。）這是受苦的根。因為有這種苦的根，所以就生出前七種的苦來。什麼叫五陰熾盛呢？這個陰字，就是遮蓋的意思。有五種事情，遮蓋了人本來有的靈性。弄得人的心裏，迷迷糊糊，造出種種的業來，受不盡的種種苦惱。所以叫它做五陰。

第一種叫**色**。就是我們的身體，和種種有形像可以見得到的東西，都包括在色裏的。

第二種叫**受**。就是一個人所受到的種種苦的、樂的境界。

第三種叫**想**。就是心裏常常轉的種種好的、壞的亂念頭。

第四種叫**行**。就是心裏所轉的亂念頭，一個過去了，一個又起來了，接連著沒有停的意思。

第五種叫**識**。就是分別種種的東西，種種的境界，這樣好、那樣壞的心。

（這五陰裏的識，其實和那十二因緣裏的識，是差不多的。）

因為有了這種五陰，使得一個人迷迷惑惑，顛顛倒倒，不明不白，就自然而然、不知不覺的，生起那**貪**、**瞋**、**癡**，三種壞心來了。起了這三種壞心，又倒轉回來，著牢在這個五陰上面。像火碰到了乾柴一樣，就烈烈烘烘的燒了起來。這熾盛兩個字，本來是火勢旺得厲害的意思。現在用它來比喻這五陰的迷惑人，像乾柴引火一樣，容易造出業來。這一世裏造了業，到了下一世，又要受前面所說七種苦的報應。所以這八種苦，是循環報應，牽連不斷的。

**諸樂**兩個字，是說種種的快樂。因為生到極樂世界去的人，不是從父母胞胎裏生出來的，是從蓮花裏變化生出來的，自然沒有生苦了。那個地方，沒有春、夏、秋、冬，永遠溫和，不會改變。所以人也不會老，也就沒有老苦了。生到極樂世界去的蓮花裏生出來的身體，不是血肉的身體，所以沒有病苦。生到極樂世界去的人，壽命是無窮無盡，那麼死苦也沒有了。人都是從蓮花裏生出來的，又是只有男子，沒有婦女，所以都沒有父母妻子的，哪裏還有愛別離苦呢？住在一塊兒的，都是菩薩、羅漢、上等的善人，哪裏還有怨憎會苦呢？要食，食自然會來。要衣，衣自然會來。要什麼，有什麼。求不得苦，也當然沒有了。心思都是很清淨的，所看見的，聽到的，都是叫人生出念佛的心來，哪裏還會有五陰熾盛的苦呢？這樣種種的苦，都沒有，自然只覺得快樂了。況且還有下面所說的種種地方，種種東西，都是寶貝珍奇，供給那些人享受，不是很多的快樂嗎？像這樣的快樂，自然應該叫**極樂**了。

這一段，是說生到了西方極樂世界去，就沒有苦惱，只有快樂。

又，舍利弗！極樂國土，七重欄楯，七重羅網，七重行樹，皆是四寶，周匝圍繞。

解

佛又叫舍利弗道：西方極樂世界，有一排一排的欄杆，總共有七重。一層一層的網絡，也有七重。還有一行一行的樹林，總共有七重。這許多的欄杆、網絡、樹林，都是四種寶貝做成的。並且那四種寶貝做成的一重一重的欄杆，把一重一重的樹林，四面圍起來。那四種寶貝做成的一重一重的網絡，也把一重一重的樹林，遮蓋起來。好看得很。

釋

**欄**，是橫的欄杆。

**楯**，是直的欄杆。

**行樹**兩個字，是說那些樹林，都是一行一行，很整齊的意思。即是樹上的枝葉花果，都是枝對枝，葉對葉，花對花，果對果，整整齊齊，一點也不會雜亂。

所說**七重欄楯**，**七重羅網**，**七重行樹**，是一重欄杆，圍繞一行樹林，一重網絡，遮蓋一重樹林，一重隔一重，總共有七重。都排列得很整齊。

**四寶**，就是下邊所說的金、銀、琉璃、玻璃，四種東西。琉璃，是一種青色的寶石。玻璃，有些像水晶的一種寶貝，並不是我們現在所用的玻璃。欄杆，也不像我們這個世界上，是木做的。網絡，也不像我們這個世界上，是線結的。那都是四種寶貝做成的。並且那些網絡，雖然是由四種寶貝所做成的，但是很軟，像棉一樣，不像我們世界上的金、銀、寶石，都是很堅硬的。

樹林高的，有八千由旬。有些樹，完全是金的，或是銀的，或是琉璃的，或是玻璃的。有些樹，樹身是金的、枝葉是銀的。有些樹，樹身是銀的，枝葉是琉璃的，花果是玻璃的。有些樹，樹身是琉璃的，枝葉是玻璃的，花果是金銀的。各色各樣，種種的不同。各種的寶貝，還都會放出各種的光來，好看得很。

在這些網絡中間，還有比天宮，更加好看的宮殿現出來。樹上面的花裏，把這個極樂世界，所有種種的景象，和佛的種種教導眾生、菩薩等修行的情形，都清清楚楚的呈現出來。那種種的好看，哪裏形容得盡，講得完呢？不只是我們這個世界上，一定不會有的，並且在我們這些人的心思，也一定料想不到的。

這一段是說西方極樂世界，地面上的種種好處。

## 是故彼國名為極樂。

**解**

所以那西方的世界，叫做極樂世界。

**釋**

這是總結的一句話。在說明西方的那個世界，之所以叫它極樂世界的緣故。

**又，舍利弗！極樂國土，有七寶池，八功德水，充滿其中。池底，純以金沙布地。**

**解** 佛又叫舍利弗道：西方極樂世界，不但是地面上，有如前面所說的種種好處，還有七種寶貝做成的水池。池裏有八種功德的水，很滿很滿。池的底下，完全是金子的沙，鋪滿的。不像我們這個世界上的池，底下都是泥沙。

**釋** 池的四邊，也不是磚石砌的，底下也不是泥沙，都是如下面所說的金、銀、琉璃、玻璃、硨磲、赤珠、瑪瑙，七種寶貝做成的，所以叫**七寶池**。硨磲，有些像白玉，有一條一條的紋路，像車輪的渠。（渠，本來就是小溝。車渠，就是車輪在地上滾過的印子，像溝渠一樣。）赤珠，是紅色的珠。

瑪瑙，也是一種寶，形色像馬的腦子。

這種池，也如上面所說的樹林一樣。有完全是金的。有底是金的，四邊有銀的。有底是金銀的，四邊是玻璃的。有底是琉璃、玻璃的，四邊是硨磲、赤珠、瑪瑙的。有底是琉璃、硨磲、瑪瑙的，四邊是金、銀、赤珠、玻璃的。各色各樣，都不相同的。這種寶貝，都是可硬可軟的。

這種池，在西方極樂世界，是很多的。並且是很大的，或是十由旬大，或是二十、三十由旬，直至一百、一千由旬大，差不多要像海一樣大了。生在那西方極樂世界的人，可以隨便在這些池裏洗澡。並且池裏的水，要它熱一點，就會熱一點。要它冷一點，就會冷一點。要多一點，就會多一點。要少一點，就會少一點。只要一動念頭，就會隨你的念頭，使你歡喜稱心。

**八功德：**

第一是澄淨。就是澄清潔淨，沒有一點激沖污穢。

第二是清冷。就是清淨涼冷，沒有一點昏濁煩燥。

第三是甘美。就是水的味道，另有一種甜味，很好喝的。

第四是輕軟。就是水的性質，是輕浮柔軟的。我們這個世界上的水，只會向下流，這種水，還會向上流。

第五是潤澤。就是滋潤滑澤，有益人的身心。

第六是安和。就是安寧和平，沒有很大很急的波浪。所以在這水裏洗澡，是很安穩舒服的。

第七是除患。就是喝了這種水，不但除去渴，並且可以除去餓。

第八是增益。就是喝了這種水，或是在這種水裏洗了澡，可以增加人的善根。使人人身體安樂，心思清淨。

有這八種的好處，所以叫它做**八功德水**，並且池裏的這種水，永遠是滿的，永遠不會乾枯。池底下沒有一點泥土，都是金沙鋪滿的。

這一段，是說西方極樂世界，池水的種種好處。

四邊階道，金、銀、琉璃、玻璃合成。上有樓閣，亦以金、銀、琉璃、玻璃、硨磲、赤珠、瑪瑙，而嚴飾之。

**解**

池的四邊，有階沿，有道路。都是金、銀、琉璃、玻璃，四種寶貝，合起來做成的。上面虛空裏，有樓有閣。也都是金、銀、琉璃、玻璃、硨磲、赤珠、瑪瑙，七種寶貝，齊齊整整，裝飾得很好看。

**釋**

池的四邊，有階沿道路。虛空裏，有樓閣。都是用各種寶貝合成的。可見西方極樂世界，無論在水裏，地面上，虛空裏，所有的東西，都不像我們這個世界上的東西，都是泥土的，或是板木的，磚石的。並且這些階沿、道路、樓閣，也像前面的樹林一樣，有的是一種寶貝做成的，有的是二種、三種、四、五、六、七種寶貝，合成的。都是齊整得很。

若生在西方極樂世界的眾生，道行高，功德大的，那麼他們的樓閣，就會浮在虛空裏，隨他們的意思，要高就高，要低就低，要大就大，要小就小，不會落下來。這樣稀奇的事情，在我們這世界上，做夢也夢不到哩。

這一段，是說階道、樓閣的好處。

## 池中蓮華，大如車輪，青色青光、黃色黃光、赤色赤光、白色白光，微妙香潔。

**解**

池裏的蓮花，都是很大的，像車輪一樣大。青色的蓮花，會放出青色的光來。黃色的蓮花，會放出黃色的光來。紅色的蓮花，會放出紅色的光來。白色的蓮花，會放出白色的光來。並且這種蓮花，都是很好、很香、很潔淨的。

**釋**

**蓮花**在我們這世界上，本來也算是最清潔的花。講到西方極樂世界的蓮花，那是更加稀奇了。經文上說和車輪一樣大，這不是我們現在所看見的各種車輪。照觀無量壽佛經上說，（觀無量壽佛經，是說觀想的方法的，就是用心想念西方極樂世界的種種景象和阿彌陀佛、觀世音菩薩、大勢至菩薩的身相，還有九品往生的各種情形。心要想得清清楚楚，好像是眼睛裏看見的一樣，這叫做**觀想**。九品往生，下面會詳細講明白的。）西方極樂世界池裏的蓮花，團團圓圓，有十二由旬大。那就是一朵花，有四百八十里大了。照**無量壽經**上說，（無量壽經，也叫阿彌陀經，是說阿彌陀佛在做菩薩修行的時候，發各種大願心、修種種的功德，莊嚴做成這個極樂世界。後來成了佛，就照自己的願心，接引十方世界念佛的眾生，都生到他的極樂世界去的經名。

莊嚴兩個字，很不容易用白話來解釋，大概莊字，是端正的意思。嚴字，是整齊恭敬的意思。端正自己的心，恭敬佛說的法，所以叫做莊嚴。若照平常的解釋，大概是裝飾整齊的意思。）西方極樂世界池裏的蓮花，大小是不同的。有的是一由旬大，有的竟然有一百由旬，或是一千由旬大。可見上面所說的**大如車輪**，不是像我們現在所看見的車輪。照華嚴疏鈔裏的說法，（華嚴疏鈔，是一種解釋華嚴經的書名。）金輪王的車輪，就有一由旬大。（**金輪王**，也是人世界上的國王，不過他有大得不得了的威權勢力，能夠統管這東、南、西、北，四洲的。還有**銀輪王**，能夠管三洲。**銅輪王**，能夠管二洲。**鐵輪王**，能夠管一洲，就是管我們這南贍部洲。這四種輪王，現在都沒有了，因為現在是減劫的時候，所以沒有這樣有威權勢力的輪王。減劫，是人的壽命，一歲一歲減少的時代。下面解釋「無量無邊阿僧祇劫」一句，會詳細說明白的。）所以這車輪的大小，其實不能說是一定的。看了觀無量壽佛經，和無量壽經，所說蓮花的大小，就可以曉得這車輪的大小了。

一朵蓮花，有幾百幾千億的花瓣，也都是七種寶貝做成的。有些花，一朵一種顏色，就放出一種顏色的光來。有些花，一朵就有無窮無盡種種的顏色，就放出無窮無盡種種的光來。並且每一種光裏，又會現出無窮無盡的佛來。這些佛，又各個講種種的佛法，給他們自己世界裏的眾生聽。

我們這個世界上的人，若有發心念佛的，那西方極樂世界的七寶池裏，就會生出一朵蓮花來。有十個人念佛，就會生出十朵蓮花來。有百千萬億個人念佛，就會生出百千萬億朵蓮花來。念佛的人，越念越高興，越念越誠心，那麼這朵蓮花，就會一天比一天光明，一天比一天鮮豔。

到了這個念佛的人，差不多要死的時候，阿彌陀佛，和觀世音菩薩、大勢至菩薩，就拿了這朵蓮花、來接引這個人到西方極樂世界去。到了西方極樂世界，這個念佛的人，就在這朵蓮花裏生出來了。一生出來，就和那些先生在西方極樂世界的人，一個樣子了。不會像我們這個世界上的人，是爺娘所生，要慢慢長大起來的。

念佛的人，倘若起初念佛的心，是很勤懇切實的，念到後來，念佛的心，漸漸的退下來了。那麼這朵蓮花，就會漸漸的乾枯了。發出來的光，也會漸漸的不鮮明了。如果最後不念佛了，那麼這朵蓮花，也會消滅沒有了。

還有，生在這種蓮花裏的人，還有許多品級。大略說起來，有**九品**，叫上品上生、上品中生、上品下生。中品上生、中品中生、中品下生。下品上生、下品中生、下品下生。這要看念佛人功夫的淺深，道行的高下而定的。功夫很深的，道行很高的，到了西方極樂世界去，就是上品上生。功夫不很深的，道行不很高的，品級也就漸漸的低下來了。上品上生的，一到西方極樂世界，那蓮花立刻就會開的，就可以看見佛，聽佛說法。若是下品下生的人，那蓮花開的日期，就需要很久了。（蓮花開的期限，在下面修行方法解釋第二種回向偈裏，會詳細說明白的。）所以我們修行的人，要多念佛，多做種種的善事，將來可以盼望到上品上生。

**微妙香潔**的**微**字，細講起來，意思很多的。大略說說，微字有微細的意思，因為這種蓮花，每一片花葉上，有八萬四千條的紋路，所以說它微細。還有精巧的意思，因為這種蓮花，都是寶貝做成的，所以說它精巧。

**妙**字，就是好字的意思。

**香**字，因為西方極樂世界的蓮花，是香得很的。

**潔**字，就是潔淨的意思。

這一段，是說西方極樂世界蓮花的種種好處。

## 舍利弗！極樂國土，成就如是功德莊嚴。

**解** 佛又叫舍利弗道：西方極樂世界，如前面所說的欄楯、羅網、行樹、寶池、樓閣、蓮花，種種整齊得很，裝飾得非常好看，都是阿彌陀佛的功德所做成。

**釋** **如是**兩個字，指前面的欄楯、羅網、行樹、七寶池、八功德水、階道、樓閣、蓮花等，各種東西。

阿彌陀佛發的四十八個大願心裏，有一個願說道：我若成了佛，我的國裏，從地上起，一直到虛空裏，所有的宮殿、樓閣、池水、花樹、一切東西，都是無數的寶貝，裝飾而成。倘若不是這樣，我就不願成佛。還有一個願說道：我若成了佛，凡是要生到我國來的眾生，都在七寶池的蓮華裏，生出來的。

阿彌陀佛發了各種的大願心後，就切切實實的修福修慧。修了不曉得幾千萬萬年，化導了無數的眾生，教他們發起修道的心來。因為阿彌陀佛，積了這樣無窮無盡的大功德，才能夠成了佛，圓滿了起初發起的大願心。所以說西方極樂世界種種的好處，都是阿彌陀佛的功德所做成的。

這兩句，是總結前面所說西方極樂世界種種的好處，是成就功德的緣故。

## 又，舍利弗！彼佛國土，常作天樂。

**解**

佛又叫舍利弗道：西方極樂世界，常常演奏天上很好聽的音樂。

**釋**

**常作**兩個字，就是常常演奏的。沒有停歇的。

**天樂**兩個字，是說這種音樂，非常的好聽。只有天上有，不是我們人的世界所能夠有的。並且這些音樂的樂器，都是浮在虛空裏，不會落下來。也不要人去吹，不要人去彈，自然而然，會發出百千萬種，很好聽的聲音來。念佛的人，臨終的時候，虛空裏，有天樂來迎接。那是因為西方極樂世界，本來就常常有這種音樂的緣故。

這兩句，是說西方極樂世界，有這樣好的音樂。

## 黃金為地。

**解**

地是黃金的，不是泥土的。

**釋**

上面的天，常常有很好聽的音樂，下面的地，又全是**黃金**的，非常的清淨。不像我們這個世界，是泥土的地，很污穢。並且那種黃金，是很柔軟的，不是堅硬的。地面雖說是黃金的，卻還有各種寶貝，鑲在裏面，光亮得很。

還有最好的是，西方極樂世界的地，又寬又大，又平又正，沒有高低的地方，也沒有黑暗的地方。不像我們這個世界的地，高的有山，低的有坑，高高低低，很不平的。還有刺人的荊棘。（有刺的小樹。）還有到了夜間，就很黑暗。這是因為我們都是貪心不足，不能夠平心，所以地也不平。

這一句，是說西方極樂世界裏，地的好處。

## 晝夜六時，雨天曼陀羅華。

**解**

**晝夜六時**，就是佛經裏常常說的：**初日分**，**中日分**，**後日分**，（分字，讀做份字音。就是把日間分做三份。初日分，就是早晨。中日分，就是中午。後日分、就是下晝。）**初夜分**，**中夜分**，**後夜分**。（把夜間也分做三份。初夜分，就是黃昏。中夜分、就是半夜。後夜分，就是四、五更天的時候。）也就是日間六個時辰，夜間六個時辰。

天上常常不停的落下花來。這種花，叫曼陀羅花，很香很好看。

**釋**

西方極樂世界，沒有日，也沒有月。那裏的亮光，不是靠日月發出來的，是自然而然有的。所以不像我們這個世界，日出來了，就算是日間，日落下去了，就算是夜間。那西方極樂世界，是花開了，鳥飛了，就算是日間。花合了，鳥停止不飛了，就算是夜間的。

**晝**字，就是日間的意思。（日間是三份時候，夜間也是三份時候。不像我們中國的計算時候，一日一夜，總是分十二個時辰的。佛經裏，分做六份，差不多每一份，是我們的兩個時辰，約四個鐘頭。）

無論在什麼時候，天上常常不停的落下花來。

**雨**字，就是落的意思。

**曼陀羅**，是花名，翻譯起中文來，就是適意的意思，因為人看見了這種花，心裏是很快樂的。

又因為這種曼陀羅花，是天上落下來的，所以叫它做**天曼陀羅花**。這種花的香味，也很稀奇，不是我們人世上所有的。這些花，在很短的時間，先落下來的，就化去，沒有了。後落下來的，又遍地都是了。日間三份時候，夜間三份時候，常常落下來，又常常化去沒有了。

還有，必須要曉得的。西方極樂世界，一晝一夜，要等於我們這個世界上的一劫哩！

這兩句，是說西方極樂世界，常常有很好的天花落下來。

## 其土眾生，常以清旦，各以衣裓盛眾妙華，供養他方十萬億佛。即以食時，還到本國。

**解** 生在西方極樂世界的眾生，常常在清早的時候，各人把他們的衣襟，裝了許多很好的花，拿出去供養各方世界的許多佛。所供養的佛，有十萬億的多，他們是清早去的，到吃飯的時候，就已經回到自己本來住的西方極樂世界了。

**釋** **清旦**，就是清早。

**衣裓**，就是衣服的襟，有人說就是裝花的器具。

**他方**，指西方極樂世界以外的各方世界。有一個大千世界，就有一尊佛。現在說**十萬億佛**，就有十萬億個大千世界。

**食時**，就是吃飯的時候。從清早到吃飯，時候是很短的。十萬億個佛土，路是很遠的。供養十萬億佛，佛又是很多的。他們怎麼會這樣的快，來得及回到**本國**極樂世界呢？

這是有緣故的。仙人已經有了五種神通，可以逍遙自在，何況生到西方極樂世界去的人呢？當然他們的神通，比起仙人，更是高得不能說了。有一句話，叫做五通仙人，六通羅漢。那**六通**，就是天眼通、天耳通、他心通、宿命通、神足通、漏盡通，六種。但是得到各種神通的，是有大小的分別。只有生到西方極樂世界去的人，靠了阿彌陀佛的願力，所以他們的神通，比平常羅漢的神通，還要大。

**天眼通**，是無論日間、夜間，無論遠到幾千萬億里的路，幾千萬億的世界，無論有多少的大山隔著，沒有看不見的。即使是極黑暗的地方，也可以清清楚楚，看得見。不像我們這個世界上的凡夫，有了一張紙，一道牆，遮斷了我們的眼光，或是到了夜間，或是到沒有亮光的地方，就一點也看不見了。

**天耳通**，是無論遠到幾千萬億里路，幾千萬億世界，無論很輕很小的聲音，沒有聽不見的。連心裏起念頭的聲相，也都會聽見的。（**聲相**，是聲音的相貌，就是苦聲、樂聲、悲聲、歡聲等，種種不同的相。起念頭也有聲相，不曾讀過佛經的人，聽見了這句話，一定疑惑的。要曉得世界上所有一切的相，完全是自己的心造出來的，所以都在心裏，沒有在心外的。起念頭雖然說是妄心，其實也就是真心的作用。

一個人不起念頭還好，若是起了念頭、不但是有聲音，並且也有色的。我說一個道理來，大家就可以明白了。譬如我們用心想一個人的形狀、或是一處地方的景致，只要心裏記得清楚，那個念頭一動，就彷佛在眼面前現出來，明明白白的看見了，這不是從念頭裏現出形色來的證據麼？再說我們念佛的人，靜坐了，心裏默念，耳朵裏就覺得清清楚楚的聽到佛號聲音，這不是從念頭裏發出聲音來的證據麼？所以一個人，不正當的念頭，萬萬不可以起的。起了念頭，佛菩薩就會聽到。

妄心，就是虛的假的心，不是一個人原有的真實心、清淨心。作用，就是拿它來用的意思。）不像我們這個世界上的凡夫，只能夠聽見近地方的聲音，和大一點的聲音。若是稍稍遠一點，或是輕一點，就聽不清楚了。

**他心通**，是無論什麼人心裏的念頭，沒有不曉得的。無論甚麼書，不必讀過、看過，書裏所說的種種事情，種種道理，都會曉得明白。不識字的人，自然都會識字了。不像我們這個世界上的凡夫，旁人的念頭，無論父子夫妻，或是最是恩愛的人，也不會曉得的。

**宿命通**，是無論自己的、旁人的事情，無論這一世的、前一世、前十世、前千萬億世的事情，都會曉得。不像我們這個世界上的凡夫，自己小時候的事情，也都忘記了，哪裏還會曉得前世的事情呢？

**神足通**，是只要動一動念頭，十方無窮無盡的世界，就都可以一起都到。並且一點也不吃力，一點也不煩難，高山大海，都不會阻隔他。不像我們這個世界上的凡夫，就是極強健，常常走路走慣的人，也不過一天走一百里路罷了。若是碰到了高山大海，就被它隔住，不能過去了。或是有了大風、大雨、大雪，也就不好走了。

這就叫做五通。加上了一個漏盡通，就叫六通。什麼叫做**漏盡通**呢？先講一個漏字，譬如一個破的瓶，裝水進去，就要漏出來的。人有了貪、瞋、癡等種種的煩惱，他的念頭，就都被這些煩惱牽了去，造出種種的業來，守不定自己的心，就像漏的東西一樣。漏盡，就是這種漏的壞處，完全沒有了。把**貪**、**瞋**、**癡**，等種種的煩惱，一起去得清清淨淨，一點也沒有了。因為這樣，就得到了種種神通，所以叫做漏盡通。

現在經裏說清早出去，供養他方十萬億佛，只要到吃飯時候，就可以回來，這就是得了神足通的緣故。西方極樂世界的人，都是完全得到這六種神通的。只不過這部經裏，只說到了神足通，還有五種神通，都沒有提起罷了。

這一段，是說西方極樂世界，有天樂、天花，等種種的好處。生到那裏去的眾生，都有神足通的神通。

## 飯食，經行。

**解** 從他方十萬億個世界回來了，就吃飯。吃過了飯，就在佛前各處地方，周圍繞轉的走。表示他們聽見了佛法，心裏歡喜願意，依照所說的方法，去修行的意思。

**釋** **飯食**這兩個字，就是吃飯的意思。

在西方極樂世界，譬如想要吃了，那些吃的東西，自然會到面前來的。想要吃什麼，就自然有什麼。也不要用錢去買，也不要叫人去煮。

並且味道都是非常鮮的，甜、酸、鹹、淡沒有不隨各人的意思的。要吃多少，就自然會來多少，也不會多，也不會少。

裝東西的碗盞，想用金銀的，金銀的碗盞，就自然會來。想用珠寶的，珠寶的碗盞，就自然會來。

吃過了，就自然會化去的。等到下次要吃的時候，又會來了，也不要人去收拾的。不吃也不會饑餓，多吃也不會飽脹。吃了下去，也沒有渣滓，存留在肚子裏，所以也沒有大小便。

其實西方極樂世界的人，只要看見各種吃的東西的顏色，或是聞到各種吃的東西的香味，肚子裏就覺得飽滿適意了，不必真正去吃的。

我們這個世界上，有這種好事情麼？並且我們這些人，吃飽了，就想睡覺，或是去做種種煩惱的事情。那西方極樂世界的人，吃過了，就在各處散散步，逍遙自在，真是快樂。

**經行**的經字，是圍繞的意思。就是在佛的各寶池，各行樹邊，周圍繞轉，一圈一圈盤繞的意思。

這一句，是說西方極樂世界，逍遙自在的景象。

## 舍利弗！極樂國土成就如是功德莊嚴。

**解** 佛又叫舍利弗道：西方極樂世界，如前面所說的，常作天樂，黃金為地，雨天曼陀羅花，和眾生都有神足通等，種種的好處，都是阿彌陀佛的功德所做成的。

**釋** 這兩句經，和前面是一樣的，解釋也是一樣。但這一段裏的**如是**，是指常作天樂，黃金為地，雨天曼陀羅華，和眾生都有神足通的種種功德。

因為阿彌陀佛四十八個大願心裏，有一個願說道：我若成了佛，從地上起，都是無窮無盡的寶貝和幾百幾千種的香，合併而成。

又有一個願說道：我若成了佛，十方無窮無盡的世界，無論天上的人，或是地上的人，聽到了我的名號，都會點種種的燈，散種種的花，來供養我。還做種種的善事，雖然只做一天一夜，也一定能生到我的國裏去的。

又有一個願說道，我若成了佛，我國裏的菩薩，拿了香花等種種供養的東西，要到各方世界去，供養許多的佛。只要吃一頓飯的時候，就可以到各方世界去。

又有一個願說道，我若成了佛，我國裏的人，要吃的時候，在這種寶貝的缽盂裏，幾百種味道的東西，都會化出來，現到面前來的。吃過了，又自然會化去的。

因為阿彌陀佛發了這樣種種的大願心，才成了佛，可見阿彌陀佛功德的大。所以西方極樂世界，有這樣的好處，都是阿彌陀佛的功德做成的。

這兩句，又是總結前面所說西方極樂世界種種的好處。

復次，舍利弗！
彼國常有種種奇妙雜色之鳥：
白鶴、孔雀、鸚鵡、舍利、迦陵頻伽、共命之鳥。
是諸眾鳥，晝夜六時，出和雅音。其音演暢五根、
五力、七菩提分、八聖道分，如是等法。

解

佛又說道：舍利弗，那西方極樂世界，還常常有各色各樣、稀稀奇奇、很可愛、很好看的鳥。像白鶴、孔雀、鸚鵡、舍利、（舍利，是梵語，我們中國叫鶖鷺，也叫百舌鳥。）**迦陵頻伽**、（這也是梵語，翻譯成中文，迦陵是好，頻伽是聲音，所以叫做好聲鳥。）**共命**，（是兩個頭、兩個心識，合成一個身體的鳥。心識，就是識，也有叫識神的。在十二因緣、五陰熾盛，都講過的。）等種種的鳥。

這許多鳥，日間三份時候，夜間三份時候，不停的發出又和平、又雅致的聲音來。牠們這種聲音裏，都是演說、宣揚那五根、五力、七菩提分、八聖道分、等的方法。（這四種名稱，下面一段解釋裏、會詳細講明白的。）

## 釋

**復次**兩個字，是再講明白佛說的意思。

佛又告訴舍利弗：你知道麼，西方極樂世界裏，還常常有各種奇妙雜色的鳥。

**奇妙**兩個字，是說不常有的，很稀奇、很好看的。

**雜色**兩個字，是說鳥的顏色，多得很。

鳥的種類，也多得很，有白鶴、孔雀、鸚鵡、舍利、迦陵頻伽、共命等各種的鳥。白鶴、孔雀、鸚鵡、舍利，這四種鳥，在我們這世界上，也有的。迦陵頻伽、共命，二種鳥，在印度從前還有的，不過也很稀奇，不是常有的。

我們這世界上的鳥，只有日間會叫。西方極樂世界的鳥，日間、夜間，總共六份時候，常常不停的叫。叫起來的聲音，又是很溫和的，一點也不粗暴，很雅致的，一些也不蠢俗。

聽了牠們很溫和的聲音，自然心裏和平快樂得不得了。聽了牠們很雅致的聲音，自然心裏清淨文雅得不得了。

不只是這些好處，牠們這些鳥所發出來的聲音，還可以演說出許多佛法來哩！

**演**字，有形容的意思。因為許多佛法的道理很深的，把它形容出來，才會明白。

**暢**字，有宣揚、疏通，兩種的意思。因為許多佛法的道理，是很細的。把它宣揚、疏通的演講出來，可以使這種道理，完全彰顯明白。

**五根**的根字，是根本的意思。因為這五種法，是生出各種善法的根本，所以叫五根。五種根：

第一種是**信根**，就是能夠切實相信各種真正的道理。這一種根，是五種根的總根。還有四種根，都是從這總根裏，發生出來的。

第二種是**進根**，也叫勤根。因為既然相信了，就應該勤勤懇懇，不停的向上用功。

第三種是**念根**，常常想念這些真正的道理。

第四種是**定根**，就是要使這個心，著牢在這些真正的道理上，不把這個心，散到旁的地方去。

第五種是**慧根**。既然不把這個心，散到旁的地方去，心就不散亂了。心不散亂，就會生出智慧來了。有了智慧，就會分別邪正，決定是非了。

有了這五種根，自然會一心一意，走入真正的道理去。

**五力**的力字，就是力量、功用的意思。（功用，是益處、用處的意思。）前面的五根，慢慢的增長起來，就會有很大的力量和功用。

第一種是**信力**。上面所說的信根，增長起來，就會有大力量、大功用。可以破除疑惑，不被疑惑所搖動了。可以抵制邪魔，（魔，是很有力量的一種邪鬼，專門反對佛法、破壞佛法的，所以叫做邪魔。）不被邪魔所迷亂了。可以消除煩惱，不被煩惱所擾害。這一種信力，和五根裏的信根，是一樣的，也是一種總的力。還有四種力，也都是從這總的力裏，發生出來的。

第二種是**進力**。進根增長起來，就會有大力量，大功用。會破種種的懶惰心，成就出世的種種事業。（出世兩個字，是跳出這個三界的意思，再不受生生死死的苦了。）

第三種是**念力**。念根增長起來，就會有大力量、大功用。可以破除種種的邪念頭，修成一切出世的正當念頭。

第四種是**定力**。定根增長起來，就會有大力量、大功用。可以消除一切雜亂的念頭，使這個心，可以安安定定。

第五種是**慧力**。慧根增長起來，就會有大力量、大功用，可以破除一切迷惑，可以斷絕一切不中不正的種種固執的見解。

**菩提**兩個字，也可以當做「道」字解釋。所以發信道的心，也可以叫做發菩提心，有覺悟的意思。分字，是一份一份的意思。**七菩提分**，也叫做**七覺支**。支字，就同份字一樣的意思。覺字，又有智慧的意思。因為有了前面的五根和五力，所以得到這七種的覺悟。

第一種是**擇法**，就是能夠用智慧，去辨別各種法的真假。

第二種是**精進**，就是能夠用智慧，明白真正的道理，不去浪費精神，在沒有益處的事情上。

第三種是**喜**，就是能夠用智慧，得到了真正的好方法，生出歡喜心來。

第四種是**除**，就是能夠用智慧，去斷除種種的煩惱，不讓這些煩惱，害到真正的善根。

第五種是**捨**，就是能夠用智慧，捨去一切虛的假的事情，永遠不去想念他。

第六種是**定**，就是能夠用智慧，曉得在定心裏面，所得到的各種境界，都是虛的、假的，不生出愛惜保守的心來。

第七種是**念**，就是能夠用智慧，使這個定根、定力和慧根、慧力兩邊，常常平衡，沒有高低。因為這個心，若偏在定的一邊，恐怕要沉沒下去，就應該用擇、進、喜，三種法，把這個心提起來。若是這個心偏在慧的一邊，恐怕要浮散開去，就應該用除、捨、定，三種法，把這個心伏下去。這個念頭，常常要放在禪定和智慧的上面。（禪定、智慧，前面解釋「皆是大阿羅漢」一句、都已經講明白過的。）使兩面平衡，不可以稍有一點點偏離。

**八聖道分**，也叫做**八正道分**。

第一是**正見**。實在見到四諦真正的道理，（四諦兩個字，在前面解釋「皆是大阿羅漢」一句，已經講過的。）一點也沒有差誤，所以叫做正見。這是後面七種的主腦。

第二是**正思惟**。見到四諦真正的道理，就專心在這個真道理上，轉念頭，用功夫，沒有一點邪念。使真正的智慧，增長起來，可盼望得到不生不滅真正的地位。

第三是**正語**。不只是心裏沒有邪的念頭，還要用真正的智慧來修口四業，不說一切不合道理的話。

第四是**正業**。除滅身體上的一切邪業。使得這個身體，常常清淨，一點也沒有不正當的事業。

第五是**正命**。把身業、口業、意業，三種，完全消除得清清淨淨，不可以因為愛惜自己的性命，在這身、口、意上面，造出業來。

第六是**正精進**。勤勤懇懇，一直向自己原有的不生不滅的真性上修去。（真性兩個字，前面解釋「佛說阿彌陀經」一句，已經說過的。）

第七是**正念**。專心想念本來所修的道理，沒有一點旁的念頭。

第八是**正定**。把這個心，常常安住在本來所修的道理上，一點也不搖動。

這八種法，就叫做八正道，因為一點也沒有偏、一點也沒有邪，所以叫做正。照了這八種法修起來，就可以免脫生死。這是修行最正當的方法，所以叫做道。

**如是等法**四個字，是說有這樣的許多法。說這個**等**字，可見還不只是五根、五力、七菩提分、八聖道分，二十五種法。一定還有沒有說出來的法，包括在這等字裏。有什麼法沒有說出來呢？就是四念處、四正勤、四如意足，十二種法。加上前面的五根、五力、七菩提分、八聖道分，二十五種，總共有三十七種法，就叫做三**十七道品**。品字、和種字、類字，差不多的意思。譬如說三十七種、三十七類，都可以的。品上面加上一個道字，因為這些法，都是跳出生死關的正道理，所以叫做道品。

甚麼叫**四念處**呢？

第一是**身念處**。就是要看一個人的身體，種種的污穢不潔淨，不要說死了爛了，都變成了膿漿，就是活的人，也全靠了一層皮包住的，裏面都是臭得很的膿血屎尿，污穢不污穢呢？所以要常常想這個身體，是不潔淨的。

第二是**受念處**。就是一個人所受到的，沒有一樣不是很苦的。大略說，就如前面說過的八種苦的，若仔細說，也就說不盡了。所以要常常想一個人在這個世界上，所受到的，沒有不苦惱的。

第三是**心念處**。心有幾種的心，一種是肉團心，就是人身體裏心肝的心，是一團肉塊，沒有知覺靈性的。一種是緣慮心，（緣，是攀住的意思。慮，是分別的意思。緣慮心，其實就是十二因緣和五陰熾盛裏的識。）就是我們現在用它來分別各種境界的心。一種是真實心，那是一切眾生的本體，（真實心和本體兩種名稱，在前面解釋「佛說阿彌陀經」一句裏，已經詳細講過的。）永遠不會改變的。現在所說心念處的心，是這三種裏的第二種緣慮心。一個人面對外面的各種境界，就生出種種的心來分別它，一個心去了，一個心又來，時時刻刻轉變。境界過了，分別的心，也就消滅了，和雲裏的電光一樣，亮一亮就暗了。所以一個人，應該要常常想這個心，是虛假的。不可以錯認這個心，當它是真實心，永遠不變的。

第四是**法念處**。（法字，在前面解釋「佛說阿彌陀經」一句，已經詳細說過。）我們人都壞在這一個我字，因為每個人都知道有這個我，所以就生出種種的心，造出種種的業來。一世又一世在六道輪迴裏，（六道輪迴，是這一世生在這一道、下一世生在那一道，總在這六道，轉來轉去，像車輪盤這樣的轉，永遠轉不出去，所以叫做輪迴。）冤冤枉枉，受這生死的苦。

現在不去講別種的法，單講這五陰法，就是前面講過的色、受、想、行、識的五種。

問你這個我：在甚麼地方？在色裏麼？色裏並沒有我。在受裏麼？受裏也沒有我。為什麼說沒有我呢？要曉得一切有形色的，都是自己心裏變出來的相，那完全是空的、假的。雖然變了出來，終究還是要消滅的。就說一個人的身體，大家總說是我、是我的，到了死後，這身體上的知覺沒有了，還可以說是我麼？再過了些時候，皮肉骨頭，都爛完了，還可以說是我的麼？若真是我，或者真是我的，那麼我自己就可以做得了主了。為什麼這個身體，不要它生病，偏要生病？不要它死，偏要死呢？既然自己一點也做不了主，怎麼能夠說是我、是我的呢？

身體是**色法**。（色，是有形相可以看得見的，那身體就是有形相看得見的東西。法，是有名稱可以叫得出的，那身體既然有形相可以看得見，就自然有名稱可以叫得出了。所以身體叫色法。）身體既然不能夠說是我，不能夠說是我的。那麼就是色法裏，沒有我了。受、想、行、識，四種，是心法。（受、想、行、識，四種，都是從心上發出來的事情，並且都是有名稱可以叫得出的，所以叫心法。）都因為有了這個色法，才有的。連色法都不能夠說是我，不能夠說是我的，何況再從色法上生出來的心法呢？那一定更加沒有我了。佛經裏所說的法無我，就是這個意思。所以一個人，應該要常常想這個法，是空的、假的，不可以認為是真實的。**念處**兩個字的意思，就是應該想的地方。能夠這樣的想，自然會漸漸的合到正當的道理上去的。

**四正勤**，是哪四種呢？

第一是**已生惡，令斷**。就是所有已經生出來的惡法，一心要把它除斷，一點也不留。

第二是**未生惡，不令生**。就是惡法雖然現在沒有生出來，但是將來恐怕要生，所以要預先防止它，不許有一點的惡法生出來。

第三是**未生善，令生**。就是善法現在還沒有生出來，就要一心的修，一定要教它生出來。

第四是**已生善，令增長**。就是善法已經生出來的，還是要一心的修，要使它漸漸的增長起來。

這四種，都叫做正勤。因為能夠破種種的邪道，在正當的道理上，勤勤懇懇修行的緣故。

**四如意足**的**如意**兩個字，是稱心的意思。**足**字、是滿足的意思。這四種，都是講定力的。因為四念處，是修實在的智慧。四正勤，是修正當的上進功夫，但是在定力上，還差一些。修了這四如意足，就加添了定力，可以收束心思，不讓它散動。那麼智慧和定力，就平衡了。智慧定力，既然平衡了，就能夠斷除三界裏的一切煩惱。所有各種的願心，都可以稱心如意，完全滿足了。

這四如意足如下：

第一是**欲如意足**。欲，是喜歡和希望的一種心念。

第二是**心如意足**。這個心字，和念字的意思，是一樣的，就是說一心記念所修的善法，不使它忘記，所以也叫念如意足。

第三是**勤如意足**。也叫進如意足的，意思是一樣的。

第四是**慧如意足**，勤和慧，前面都講過了。

從這個欲、心、勤、慧的四種上，把那散動的心，收束定了。依靠了這個定力，往往能夠得到身如意通，（就是前面所說六神通裏的一種神足通，因為得了這種神通，就能夠稱自己的心，不論怎樣的遠，沒有不能到的，沒有一點東西，能阻礙他的，所以叫身如意通。）就叫做四如意足。（也叫四神足。）

講起修這三十七道品的次序來。那是聽到了法，（聽法叫做聞慧。聞，就是聽到。慧，就是智慧。因為聽了法，就能夠生出智慧來的緣故。）應該先想它的道理，（這叫做思慧。思字，是用心想的意思。用心想，也能夠生出智慧來的。）所以先是念處，既然想了，就應該勤勤懇懇的修，（這叫做修慧，修種種佛法，都能夠生出智慧來的。）所以念處之後，就是正勤。能夠勤勤懇懇的修，自然心思也不會散開來了，所以正勤之後，就是如意足。心既然有了定力，就同樹木一樣的生了根，所以如意足之後，就是五根。根既然堅固了，一定能夠長大起來，所以就有五力。有了這個根力，方才能夠用真實的智慧，去分別一切的法。所以有這種七菩提分。把一切法的邪正，都分別清楚了，那就可以在正當的道理上去做了，所以最後就是八聖道分。（從四正勤起，一直到八聖道分，所說的都是修慧。）

西方極樂世界的鳥，都會說出這樣種種的法來，奇怪不奇怪呢？前面所講的三十七道品，都是講修道的方法，不是很容易明白的。看了能懂，自然最好，若看不懂，儘管看下去，可以不必去理會它。

這一段，是說西方極樂世界的鳥，也會說法的。

## 其土眾生，聞是音已，皆悉念佛、念法、念僧。

**解**　西方極樂世界的眾生，聽過這許多鳥，說種種修行方法的聲音後，大家動了心，想念佛寶，想念佛所說的法寶，想念依佛法修行的僧寶了。

**釋**　聽了西方極樂世界鳥的聲音，如果沒有什麼益處，就有如聽了我們這世界凡鳥的聲音一樣。西方極樂世界的眾生，聽了這些鳥所發出來的聲音，都是種種法，聽過了，就想念佛寶、法寶、僧寶來了。

**佛**，不一定要真正的佛身，即使是木雕的、泥塑的、紙畫的，都要和真佛一樣的敬重。因為佛從無窮無盡的劫數，為了要度脫我們這些苦惱的眾生，用極苦的功夫修行，才圓滿成了佛。人若皈依了佛，就可以免去墮落三惡道的苦，所以叫做佛寶。

**法**，就是講佛法的經，或是咒，都叫法寶。因為人總是受貪、瞋、癡三種毒的苦，生生死死，受無窮無盡的苦報。佛所說的經，都是勸人斷除貪、瞋、癡三種生死的苦根。人若皈依了法，也可以免去墮落三惡道的苦，並且還可以增加說不盡的智慧，所以叫做法寶。

**僧**，就是比丘、比丘尼、沙彌、（出家受十戒的男子。）沙彌尼，（出家受十戒的女子。）這些出家人。佛法全靠僧人流傳，使得佛法不致於消滅。人若皈依了僧，也可以免去墮落三惡道的苦，所以叫做僧寶。

這佛、法、僧，三寶，我們都要尊重他們，恭敬他們的，所以叫做三寶。皈依佛的皈字，和歸字一樣的，就是把我的性命歸託他。依字，是把我的命依靠他。我們念起佛號來，上面都有南無兩個字，是梵語，其實就是皈依的意思。

這三句，是說聽了鳥的聲音，有這樣的好處。

舍利弗！
汝勿謂此鳥實是罪報所生。所以者何？
彼佛國土，無三惡道。
舍利弗！
其佛國土尚無惡道之名，何況有實。
是諸眾鳥，皆是阿彌陀佛，欲令法音宣流，變化所作。

**解**

佛又叫舍利弗道：你不可以說這些鳥，是因為做人的時候，造了罪，所以受投做畜生的苦報應的。為什麼不可以這樣說呢？因為那西方極樂世界，沒有畜生、餓鬼、地獄，**三惡道**的。舍利弗，那西方極樂世界裏，連惡道的名稱，都沒有，哪還有實在的惡道呢？這許多的鳥，都是阿彌陀佛，要使佛法的聲音，宣揚出來，流通開來，所變化出來的。

**釋** 造了罪，就有苦報，這是一定的道理。西方極樂世界，若還有受苦報的畜生，生在那裏，那麼怎麼可以說是極樂呢？怎麼可以說無有眾苦呢？所以這些鳥，不可以說牠們是受苦報的畜生。

因為阿彌陀佛四十八個大願裏，有一個願說道：我若成了佛，我的國裏，是聽不到不善的名稱的，若不能滿我的願，我就不願成佛。那麼不善的名稱都聽不到，哪裏還會有不善的事情呢？

又有一個願說道：我若成了佛，我的國裏，若有畜生、餓鬼、地獄，我就不願成佛。所以西方極樂世界，若真有了畜生，那不是阿彌陀佛的本願心，就不圓滿了麼？

所以這種惡道，在西方極樂世界，不但是眼睛看不到，也是耳朵聽不到的。既然沒有惡道，究竟這些鳥，是哪裏來的呢？

這都是佛變化出來的。佛要種種的**法音**，（法音，就是說佛法的聲音。）宣揚流通，遍滿在他的國裏，所以**變化**出這些鳥來說佛法，可以使生在西方極樂世界的眾生，沒有一個地方，沒有一個時候，不聽到佛法的。這是佛的大神通，大力量，才能做到這種地步。其實這些鳥，完全就是阿彌陀佛的神通智慧，不可以真的把牠當做鳥看待的。若真把牠當做鳥看，就和經的意思違背了，因為經上明明說這許多的鳥，都是阿彌陀佛要使法音宣揚流通，所變化出來的。倘若不是阿彌陀佛變化出來的，那麼和尋常的鳥，差不多的話，哪裏會說這種種的法呢？

這一段，是說西方極樂世界，沒有惡道的。

舍利弗！彼佛國土，微風吹動諸寶行樹、及寶羅網。出微妙音，譬如百千種樂，同時俱作。聞是音者，自然皆生念佛、念法、念僧之心。

解

佛又叫舍利弗道：在那西方極樂世界裏，有微細輕柔的風，吹動了這許多寶貝做成的樹林，和寶貝做成的網絡。在這些樹林，和網絡裏，會發出很細很好的聲音來。這種聲音，非常的好聽，有如幾百幾千種的樂器，同時一起吹奏。聽到了這種音樂的人，自然而然的生出想念佛、想念法、想念僧的心來。

釋

**微風**，是很輕、很細、很柔的風。那西方極樂世界，沒有一樣不好。吹來的風，又像有，又像沒有。又不冷，又不熱。不像我們這世界上的風，很大、很狂，會傷壞房屋、樹木，會變成風災的。那些樹林、網絡，是七種寶貝做成的，輕輕的風，慢慢的吹上去，樹碰動網，網碰動樹，自然就發出很好聽的聲音來了。

雖然說有如幾百幾千種的樂器，同時一起演奏起來。但這種聲音，不只是好聽，並且還能夠像鳥的聲音一樣，也會發出各種道品的法音來。

無量壽經裏說道：我們這世界上，皇帝宮裏的樂器，就有百千萬種的多，但不及忉利天宮的一種樂器好。忉利天宮裏百千萬種的樂器，不及夜摩天宮的一種樂器好。高一層天，就要好百千萬倍。那樣的好，已經不是言語可以形容的。但是還遠不及西方極樂世界裏，風吹動了樹林、網絡，發出來的聲音好。照這樣說，那些聲音的好聽程度，還得了麼？這種聲音，是借它來說法，不只是為了好聽的。

所以生在西方極樂世界的人，聽了這種聲音，自然會鼓動他們修道的心，想念佛、法、僧，三寶來了。

這一段，是說西方極樂世界的風、樹、網絡，都會說法。

## 舍利弗！其佛國土成就如是功德莊嚴。

**解**

佛又叫舍利弗道：西方極樂世界，像前面所說的，阿彌陀佛變化出來的各種鳥，和各種寶貝做成的樹林、網絡，也都會發出說法的聲音來，使生在西方極樂世界的人，聽了這些聲音，都會生出想念佛、法、僧，三寶的心來。這都是阿彌陀佛的功德所做成的。

**釋**

這兩句解釋，還是和前面一樣。不過這一段裏的**如是**兩個字，是指阿彌陀佛變化出來的各種鳥，和各種寶貝做成的樹林、網絡，都有說法的種種功德。

因為阿彌陀佛，還有一個大願說道：我若成了佛，我國裏的人，隨他們的心願，要聽什麼法，就自然有什麼法，給他們聽。阿彌陀佛發過這樣的大願心，所以這些鳥，這些樹，這種風，都會說法，說給生在西方極樂世界的人聽。這都是阿彌陀佛的功德所做成的。

這兩句，也是總結前面所說的西方極樂世界種種的好處。

## 舍利弗！於汝意云何？彼佛何故號阿彌陀。

**解** 佛又叫舍利弗道：你的意思是怎麼樣？那西方極樂世界的佛，為什麼稱他叫阿彌陀？

**釋** 世上的一切事情，都不出因果兩個字。種了甚麼因，一定結甚麼果，絕對不會有一點差錯。譬如把瓜籽種下去，一定生出瓜來。把豆籽種下去，一定生出豆來。絕對不會種了瓜，生出豆來。也絕對不會種了豆，生出瓜來。一個人轉的念頭，做的事情，都是種因。轉了善念頭，做了善事情，將來一定得好結果，就是得好報應。轉了惡念頭，做了惡事情，將來一定得苦結果，就是得苦報應。

**報應**分兩種，一種是依報，一種是正報。受報應的，叫正報。譬如一個人，受種種的好報應，或是受種種的惡報應，是什麼東西去受的呢？自然就是這個身體去受。所以這個身體是主，就叫**正報**。報應他的，叫依報。譬如一個人，受種種的好報應，或是受種種的苦報應，拿什麼東西去報應他呢？就是把住的、吃的、穿的、用的，種種的東西，去報應他。報應好的，那麼這些住的、吃的、穿的、用的，種種的東西，也都是好的。報應苦的，那麼那些住的、吃的、穿的、用的，種種的東西，也都是苦的。這些種種的東西，就叫做**依報**。

我們人的身體，是爺娘精血做成的，這個根本，已經是很不潔淨的了。包在一層皮裏的，都是膿血屎尿，所以我們人的正報，其實是不潔淨的。講到我們這個娑婆世界，是很污穢的，（娑婆世界怎樣污穢，後面解釋「五濁惡世」一節裏，會詳細說明白的。）遠不及西方極樂世界的清淨。那麼我們的依報，也是很不潔淨的。所以我們這個世界上，無論正報、依報，沒有一樣可以比得上西方極樂世界。

前面幾段經，所講的西方極樂世界種種的好處，都是講的依報。從這一段經起，要講西方極樂世界的正報了。正報有主、有伴。主，是主人。伴，是伴侶。阿彌陀佛是西方極樂世界的主人，所以阿彌陀佛，是正報的主。那些生到西方極樂世界去的人，是正報的伴。現在先把正報的主，就是阿彌陀佛，講講清楚。

這兩句，是佛要講阿彌陀佛的功德，所以自己先問一句。後面就是佛自己回答解釋了。

舍利弗！彼佛光明無量，照十方國，無所障礙，是故號為阿彌陀。

**解**

佛又叫舍利弗道：阿彌陀佛全身發出來的光，很亮很大的，能夠照到十方一切許多佛的世界，一點也不會被別的東西，遮住、隔住的。所以稱他做阿彌陀。阿彌陀，是無量光的梵語。所以阿彌陀佛，也叫**無量光佛**。

**釋**

**阿彌陀**，是梵語。就是我們中文的**無量光**三個字。就是光明無窮無盡，沒有數可以量的意思。

凡是佛的身體，都有光明的。不過光有兩種，一種是**常光**，就是平常時候有的，那是一定的光。一種是**放光**，是因為有了什麼緣故，特地從身上各處地方放出來的，那是沒有一定的光。

照現在經裏所說的，是說阿彌陀佛的常光。別種的光隔了一張紙，就照不過去了。哪怕是現在的電燈光，遠了就照不到了。阿彌陀佛的光，可以照到十方世界，沒有一個地方照不到。並且無論什麼東西，都遮不住，隔不斷他的光的。不要說別種光了，即使是日光、月光，也萬萬比不上阿彌陀佛的光。因為日光、月光，只能夠照到一個世界。鐵圍山的外面，就照不到了。並且行到了東邊，西邊就沒有光。行到了南邊，北邊就沒有光。不只是不能各處都照到，並且一遮就遮住，一隔就隔斷的。

還有，若日光照了人的眼，眼就會睜不開，人就會覺得熱、覺得煩躁。阿彌陀佛的光照了人，這個人就覺得身體非常的舒服，心裏非常的清淨。比天上的人，還要快樂。並且阿彌陀佛，對念佛的人，都用光來照他們，保護他們。像極慈愛的母親，對寶貝兒女，捨不得離開的樣子。這都是阿彌陀佛的大慈大悲，大願大力。

照無量壽經上說，阿彌陀佛的光，在十方世界裏，算是第一了。因為別尊佛的光，都沒有像他照得遠。因為他發的四十八個大願裏，有一個願心說道：

倘若我將來成了佛，我的光有數量限制，不能夠照遍無量無邊的世界，我就不願成佛。現在既然成佛了，這個願心，一定要滿足的，所以有這樣的光。

還有，我們應該要知道的。就是我們人，本來具有的靈性，是和佛一樣的。為什麼他叫做佛，我們叫做凡夫？他有這樣的光，我們連那一尺一寸的光，也沒有呢？這是因為我們心裏不清淨，不能夠把一切煩惱的念頭，都抛開掉。譬如月亮的光，被那浮雲遮住了，所以光就發不出來了。但是浮雲雖然遮住了月亮的光，月亮仍舊一絲也沒有受到損失，只要那浮雲散去，光就會顯出來。人的**心光**，（自己真心裏，本來有的光，所以說是心光。）也是這樣的。若能夠把一切的煩惱，絲毫都不放在心上，那麼心光也自然會發出來。即使是阿彌陀佛的光，我們一點都看不見，就因為被這些壞念頭，把我們本來的清淨靈性，遮蓋住了，所以看不見。

這一段，是說阿彌陀佛有無窮無盡的光。

## 又，舍利弗！彼佛壽命、及其人民，無量無邊阿僧祇劫，故名阿彌陀。

**解**

佛又叫舍利弗道：阿彌陀佛，和生到西方極樂世界去的人，他們的壽命，都是無窮無盡，沒有數目可以算的，所以稱他做阿彌陀。阿彌陀，是無量壽的梵語，所以阿彌陀佛，也叫**無量壽佛**。

**釋**

**無邊**兩個字，同無量是一樣的，也是很多很多、沒有數目可以計算的意思。

**阿僧祇**，是梵語，中文叫**無央數**，是沒有數目可以計算的意思。但是這很大很大的數目，不是凡夫的心量，可以計算的。

**劫**字，是梵語，叫劫波，就是**災難**的意思。現在借用這個劫字，來計算年代的長短。劫有大劫、中劫、小劫，三種分別。一個大劫，有四個中劫。一個中劫，有二十個小劫。

一個**小劫**，就是人的壽命，從最短只有十歲的時候算起，每過一百年，加一歲，加到八萬四千歲。到了八萬四千歲，就每過一百年，減一歲了，仍舊減到十歲。照這個樣子，加一回，減一回，總共是一**千六百八十萬年**，叫一個小劫。二十個小劫為一個**中劫**，就是三**萬**三**千六百萬年**。四個中劫為一個**大劫**，就是**十三萬四千四百萬年**。一個劫已經有這麼多年了，何況是無量無邊，沒有數目的劫呢？那年歲的長久還可以算得清麼？

**四個中劫**，都有名稱。叫做成劫、住劫、壞劫、空劫。

**成劫**，是這個世界造成的時代。造成這世界，是很不容易的，要一個中劫的長，才能夠完全造成。

**住劫**，是世界已經造成，有了人的時代，最平穩的時候，大家在這個世界上過日子。住字，是停住在那裏的意思。現在就是在住劫的時代。（現在是住劫裏的第九個小劫。）

**壞劫**，是世界毀壞的時代。壞也不容易的，也要壞一個中劫的長時間，才能夠壞完。在壞劫起初的時候，就有大火災起來了。越燒越厲害，直燒到壞劫的最後一個小劫，燒得空空洞洞，一點東西都沒有了。平常的火，燒了東西，還是有灰的。劫火燒過了，連灰也沒有的。這就是大三災的第一大火災了。第二是大水災。第三是大風災。這三種大災，不是一起來的，是輪流來的。但是厲害得很，不像現在我們這時候的災了。第一次的大火災起的時候，有七個太陽，在同一個時候，一起出來，燒這個世界。從我們這個世界下面，最低的一層阿鼻獄燒起，一直燒到初禪天。所有初禪天以下的世界，和世界上的山河大地，一起燒得乾乾淨淨，一點兒也不留。這一次的大劫。大火災來過後，壞劫也就過去了，又到了空劫的時代了。

等到空劫過去後，世界又要重新出現了。又是成劫、住劫，漸漸的過去。等到第二次的壞劫，仍舊是大火災。這樣要經過七次大火災。到第八個大劫裏的壞劫，就改做大水災了。也是從阿鼻地獄起，但是這一回的大水災，一直要到二禪天了。所有二禪天以下的世界天地，也都被大水浸壞了。像水浸鹽，也一點兒不留。這是這八次的大劫。

照這個樣子，七次大火災，一次大水災，要輪流經過七回，再來七次大火災。總共已經有六十三次的大災，也就是經過了六十三個大劫了，到這第六十四次的大劫，是大風災來了。也是從阿鼻地獄起，但這一次的大風災，更加厲害，一直要吹到三禪天了。所有三彈天以下的世界天地，也一起都被這大風吹散吹滅得乾乾淨淨，一點兒也不留。加上一個大風災，總共就是六十四次的大災，就是六十四個大劫。

**空劫**，是世界已經壞完，都變成了虛空，所以叫做空劫。但是也要空到一個中劫的長時間，再慢慢的變成一個新的世界，又到了成劫。不但是每一個大劫的末後，一定有這樣的大災，就是中劫裏的住劫時代，算是最好的時代，也有許多災難。不過沒有像壞劫這樣厲害罷了。住劫裏，每一個小劫的末後，就有所說的小三災來了。那小三災，就是饑饉災、（饉字，也就是餓的意思。）瘟疫災、刀兵災。

我們這個世界上的人，到了現在末法的時代，一天惡過一天，所以壽命也一天短一天。

到壽命減短到三十歲的時候，（釋迦牟尼佛，在我們世界上的時候，人的壽命，恰好一百歲。照這樣算起來，現在的人，應該有七十歲的壽。）天上的龍，因為看見世界上的人太惡了，七年不肯降雨。所以各處地方，都遭旱荒，沒有東西可以吃，一大半人都要餓死了。

等到壽命減短到二十歲的時候，很厲害的瘟疫災來了。人吐出來的東西，碰到了就可以送命的。也要死去一大半。

到了壽命減短到十歲的時候，人的瞋心，已經發到極處了。哪怕是好朋友，只要說一句話不投機，就可以拔出刀來殺他。地下所生出來的草，都可以當做刀用，可以殺人。那個時候，正是你殺我，我殺你，大家專門相殺的時代。所以遍地都是刀兵災，人差不多要殺得沒有了。

到了這個時候，天上的人，動了哀憐的心，就下來到我們人住的世界上，勸化這些惡人，漸漸的改惡向善。這些人也覺得太苦了，就聽了天上人的好話，人心漸漸的向善起來，壽命也就漸漸的加長起來。

等到加到了八萬四千歲的時候，人心又要漸漸的惡起來，壽命又要漸漸的減短到十歲了。照所經過的時代算起來，一定要碰到這樣的災難，所以叫做劫。

講到那西方極樂世界，其實沒有這種災難的，只不過借這個劫的名稱，計算年代的長久罷了。因為世界上的災難，都是眾生的惡業報應來的。西方極樂世界，是阿彌陀佛種種的功德所做成的，當然不會有災難，也不會毀壞。雖然說生到西方極樂世界去的人，有的先前已經造過惡業，但是用極誠懇的心，念了一句佛，就可以消去八十億劫的重罪。所以念佛生到西方極樂世界去的人，所有從前的惡業，其實已經消滅得乾乾淨淨了。何況還靠了阿彌陀佛的大慈悲、大願力，那些眾生，自然都可以安安穩穩的享受無量無邊，無數劫的長壽了。

還有，講起一個人的本體來，本來是不生不滅的。既然沒有生滅，那壽數就永遠不會完結了，不但是無量無邊無數劫的長壽哩！但是我們這些人，因為從前世、前前世，一直到現在，妄想的癡心，不能夠斷，把自己的真心迷住了，就造出種種的業來。被各種業的力，牽到六道輪迴裏去，受一世又一世的報應。

講起來，真像做夢一樣，都是虛的、假的，不實在的。不過在那夢裏的時候，受樂、受苦，樣樣都好像是真實的。現在教人修這個念佛的方法，求生到西方極樂世界去，就是叫醒癡夢的方便方法。癡夢醒了，那虛的、假的生生死死，不會再受了，自然而然能夠回復不生不滅的本體。那麼壽命的長久，還可以用年歲來計算麼？所以生到西方極樂世界去的人，都是這樣長壽的。他們所以能夠這樣的長壽，一半是靠了阿彌陀佛大願的力量，一半也是眾生念佛的功德，和自己心的力量，感應來的。

這一段，是說阿彌陀佛，和生到西方極樂世界去的人，都有無窮無盡的壽。

## 舍利弗！阿彌陀佛成佛以來，於今十劫。

**解**

佛又叫舍利弗道：從阿彌陀佛成佛到現在，只有十個劫哩！

**釋**

前面已經把阿彌陀佛、所以得到這個名號的原因，說明白了。現在再把阿彌陀佛成佛的年代，說說清楚。自從阿彌陀佛在西方極樂世界成了佛起，算到現在的時候，一劫一劫的，已經有十劫了。所說的十劫，就是世界成一次，壞一次的大劫，不可以認做中劫、小劫。經裏說阿彌陀佛成佛以來，於今十劫，是已經過了**十個大劫**的意思。

就平常的眼光看起來，覺得已經長久得不得了，但是照阿彌陀佛無量無邊阿僧祇劫的壽命說起來，這十劫，只算是剛剛起頭。將來阿彌陀佛，在西方極樂世界裏，講經說法，接引十方世界念佛的眾生，生到那裏去的時候，那是長久又更長久哩！

這兩句，是說阿彌陀佛成佛的年代。

## 又，舍利弗！彼佛有無量無邊聲聞弟子，皆阿羅漢，非是算數之所能知。

**解** 佛又叫舍利弗道：那阿彌陀佛，有許多許多的聲聞弟子。聲聞總共有四種，但是阿彌陀佛的聲聞弟子，都是最高的一等，就是阿羅漢。這阿羅漢，實在多得不得了。不是用算法的數目，就能夠算清楚確實的數目。

**釋** 佛經裏面的數目名稱，有最大的十個。**阿僧祇**，是第一個大數目。**無量**，是第二個大數目。**無邊**，是第三個大數目。照這樣說起來，那無量無邊，還是有數目可以算得出來的。現在說這些人的數目，不是用算法的數目，能夠曉得的。這裏所說的**無量無邊**四個字，是形容他們的人數，多得不得了，不是十個大數目裏的無量無邊了。

但是只說聲聞，不說緣覺，是什麼原因呢？因為緣覺出現在沒有佛的時代的。西方極樂世界，明明有阿彌陀佛在那裏說法，當然不是沒有佛的時代。所以西方極樂世界裏，沒有緣覺根性的人，也沒有證緣覺果位的人。不過別處沒有佛的世界的緣覺，若是發了大願心，也有往生到西方極樂世界去的。他們既然發了大願心，就不可以說他們是緣覺了。西方極樂世界的**聲聞**，都是大乘聲聞，不用說已經證聲聞果位的，是大乘，就是下品下生的人，也都是大乘氣派的。切不可以把我們這個世界上聲聞的名稱、來胡亂辯論，若是胡亂辯論，罪過很大。有人說西方極樂世界，聲聞、緣覺，二種小乘，都不會有的，怎麼這部經裏，又有聲聞呢？這有兩種原因。

一種是沒有生到西方極樂世界去的時候，專門修小乘法，不發大願心的那些人。後來碰到了**善知識**，（善知識，是知識很好的人，肯教人做善事、信佛法的人。）或是臨終的時候，碰到了善知識，教他修求生到西方極樂世界去的大乘法。（就是用極誠懇的心念佛。）他聽了這個人的話，就發了大願心，後來就生到西方極樂世界去了。但是他修小乘法修慣了，所以聽了四念處等修行的方法，（四念處，在解釋「其音演暢五根五力」一句，已經詳細講過了。）就明白了佛的道理，先得到了須陀洹、斯陀含、阿那含、阿羅漢的各種地位了。

一種是智慧缺少的人。雖然生到了西方極樂世界去，但是他只能夠一步一步的上去。聽多久佛法，破幾分迷惑，就進一步果位。所以還是要經過小乘的階段。但是這兩種小乘，既然已經生到了西方極樂世界，就不會永遠是小乘。慢慢的多聽佛法，把他們種種的迷惑，一起破除，就會成菩薩、成佛。

所以西方極樂世界不會有聲聞、緣覺，二種小乘，是對的。只不過是暫時有，不是終究有的，最後都要成為大乘菩薩。

這一段，是說西方極樂世界聲聞的多。

## 諸菩薩眾亦復如是。

**解** 不但是聲聞多得很，就是菩薩也很多很多。像聲聞一樣，不是數目所能夠計算得清楚的。

**釋** 前面說的聲聞，是小乘。現在說菩薩，是大乘了。

**亦復**兩個字，是也是的意思。

**如是**兩個字，是代替前面「無量無邊」和「非是算數之所能知」，兩句的。就是菩薩也是多得很，也不是用算法的數目，就能夠算得清楚。

從「彼佛有無量無邊，聲聞弟子」一句起，到「諸菩薩眾，亦復如是」，是說正報的伴。

這兩句，是說西方極樂世界的菩薩很多。

## 舍利弗！彼佛國土成就如是功德莊嚴。

**解**

佛又叫舍利弗道：西方極樂世界，有阿彌陀佛的無窮無盡的光明。阿彌陀佛和生到那裏去的人，都是無窮無盡的壽命，還有多得數不清楚的聲聞、菩薩。這樣種種的好處，都是阿彌陀佛的功德所做成的。

**釋**

這兩句的解釋，還是和前面一樣的。不過這裏的**如是**兩個字，是指阿彌陀佛的光明無量，壽命無量，和聲聞、菩薩的多。

西方極樂世界，講起正報來，阿彌陀佛是主，無量無邊的聲聞、菩薩是伴。阿彌陀佛的四十八個大願心裏，有一個願說道：我若成了佛，我頭頂中間的光，比了日光、月光，要勝過百千萬億倍。

又有一個願說道：我若成了佛，我的光，要照到無窮無盡的世界。黑暗的地方，也都要照得很光明。許多天上的人，和人世上的人，即使是很小的蟲蟻，凡是看見我的光明，沒有不發出慈悲心來做善事。所以將來都能夠生到我的國裏來。若我的光是有限量的，我就不願成佛。

又有一個願說道：我若成了佛，我和生到我國裏來的人的壽命，都是長到沒有數目可以計算的。若是壽命有限量的，我就不願成佛。

又有一個願說道：我若成了佛，我國裏的菩薩，他們的神通、智慧、相貌等，種種都和佛一樣。

阿彌陀佛發了這樣種種的大願心，才成了佛。所以上面所說的光明無量，壽命無量，和許多的聲聞、菩薩，都是阿彌陀佛的功德所做成的。

這兩句。是總結上面所說正報的種種好處，所以能夠成就功德的原因。

上卷是說西方極樂世界、種種境界的好，教人曉得了，生出羨慕的心來。以下是說求生到西方極樂世界去的種種方法，和勸人發出求生到西方極樂世界去的願心來。

隨身版

# 阿彌陀經白話解釋（卷下）

印光老法師鑑定

皈依弟子黃智海演述

## 又，舍利弗！極樂國土，眾生、生者，皆是阿鞞跋致。

**解**

佛又叫舍利弗道：凡是生到西方極樂世界去的眾生，只有一直修上去，沒有退轉來的。

**釋**

不只是現在已經在西方極樂世界的聲聞、菩薩，即使是陸陸續續生到那裏的人，都是慢慢的修上去，沒有退轉下來的。

**阿鞞跋致**，是梵語。**阿**字，是中文的無字。**鞞跋致**，是中文的退轉兩個字。阿鞞跋致，就是沒有退轉下來的意思。為什麼生到了西方極樂世界去，就只有上進，沒有退轉下來的呢？這個原因多得很。大略說起來，有五種。

**第一種**，阿彌陀佛有一個大願心說道：我若成了佛，凡是聽到我名字的人，能夠皈依了我，勤勤懇懇的修，那麼就只有修上去，沒有退轉下來的。

**第二種**，凡是念佛的人，阿彌陀佛會放出光來，保祐他們，接引他們。因為靠了佛的力量，所以能夠不生退轉下來的心。

**第三種**，西方極樂世界的樹林、網絡、鳥音、風聲，都會說法的。生到那的人，常常聽了種種說法的聲音，自然會生出想念佛、法、僧三寶的心來，哪還有退轉下來的呢？

**第四種**，在西方極樂世界的，都是聲聞、菩薩。那麼生到那裏的人，就和這些聲聞、菩薩，常常在一塊兒做朋友，還可以親自見到佛，親自聽到佛說法。不像現在這世界上，不要說已經過去的佛，都看不見了，即使是我們現在的教主釋迦牟尼佛，也已經入了涅槃了。所有寺院裏的佛，只有紙畫的，木雕泥塑的像，不會對我們說法。那西方極樂世界，既然有這樣的好，哪裏還會退轉下來呢？

**第五種**，一個人心思常常變動，有時做做好人，忽然又變做壞人，大半都為了財色兩件事情。西方極樂世界，要吃就有得吃，要穿就有得穿，又沒有妻妾兒女、要養他們，要錢做什麼呢？生到極樂世界去的人，都是從蓮花裏生出來，沒有淫慾心。何況那裏又沒有女身，這個色字，也不用說了。財色兩件事，既然不會來攪亂，自然一心一意的修行。哪裏還會重新退轉下來呢？

還有一種，使我們改變心思的，就是邪教魔鬼來引誘我們。我們的見識不正當，主意不立定，就要上他們的當，正路不走，走邪路了。西方極樂世界，又沒有這樣的邪魔。自然只會上進，不會退轉。所以生到了西方極樂世界去，不會退轉下來，就因為這種種的緣故。若要詳細說起來，那就說不完了。

講到**不退轉**，還有三種分別。

一種叫**位不退**。就是已經到了聖人、賢人的地位，不會再退轉來做凡夫的意思。

一種叫**行不退**。就是專門學大乘的菩薩，一心一意的度脫眾生，不會再退到小乘的聲聞、緣覺裏去的意思。

一種叫**念不退**。就是心思總是和佛的智慧相合，不會再有別的念頭起來的意思。

這一段，是說生到了西方極樂世界去，只有上進，沒有退轉下來的。

**其中多有一生補處，其數甚多，非是算數所能知之，但可以無量無邊阿僧祇說。**

**解** 所有生到西方極樂世界去的人，其中有許多人，就在這一世上，補到佛的位子的人，也多得很。這不是用算數，可以知道他們實在的數目的。只能用這無量、無邊、阿僧祇的大數目來說說。

**釋** **一生補處**四個字，就是在這一世上，補到佛位的意思。我們這世界上的人，要修到位不退、行不退、念不退，已經是很不容易了。何況在一世裏，就能修到**等覺菩薩**呢？（佛字，本來是梵語，就是中文的覺字，就是覺悟的意思。等覺兩個字，就是和佛一樣的意思。菩薩的等級，多得很，等覺菩薩，是菩薩裏最高的位子。）現在生到西方極樂世界去，只有這一次，從蓮花裏生出來，慢慢的一直向上修，就可以修到補到佛的位子。這種大便宜事情，除了念佛求生到西方極樂世界去，哪裏還會有第二種方法呢？而且這種能補到佛位的人，是很多很多的，多到數不清楚。所以除了那些極呆的人，還會有不想生到西方極樂世界去的人麼？

所說補到佛位的一個補字，就像做官的補缺一樣。有了一個出缺，才可以補一個位子。生到西方極樂世界去的人，漸漸的修，修到了等覺菩薩的地位，只要有佛的缺空出來，就可以補到佛的位子，就是佛了。

現在這個大劫，叫做**賢劫**。在這賢劫裏，共有一千尊佛，在我們這娑婆世界上出世。現在已經出了四尊佛了。第一尊佛，名叫**拘留孫佛**。第二尊佛，名叫**拘那含牟尼佛**。第三尊佛，名叫**迦葉佛**。第四尊佛，就是**釋迦牟尼佛**。一尊佛涅槃了，就有一尊佛出來補他的位子。將來到釋迦牟尼佛的末法一萬年，差不多要過完的時候，所有釋迦牟尼佛所說的種種佛經，除了這部阿彌陀經，還有一百年，留在我們這個世界上，別的佛經，都消滅了。（所說的消滅，並不是特地去毀滅它，這是因為眾生的福薄了，所以佛經就自然會沒有字了。）佛法也沒有人傳了。阿彌陀經，比別種佛經，多留一百年在我們這世界上，也是釋迦牟尼佛特別的恩典。因為別種佛經，都沒有了。別種方法，都不能夠修了。把這部阿彌陀經，多留一百年在我們這世界上，讓我們這個世界上的人，還可以修這種念佛的方法，生到西方極樂世界去。免得在這個世界裏，一世又一世的受苦。到這個一百年過了，我們這個世界上，就一句佛法也沒有了。再要經過很長很長的時候，到了增劫的時代，（增劫，是人的壽，漸漸的增加起來。）人的壽命，加到八萬四千歲，又減到八萬歲的時候，就應該輪到彌勒佛出世，補釋迦牟尼佛的佛位了。

現在西方極樂世界的教主，是阿彌陀佛。將來阿彌陀佛的後來，就是觀世音菩薩補缺，佛號叫做**普光功德山王佛**。再後來，就是大勢至菩薩成佛了，佛號叫做**善住功德寶王佛**。

講到生到了西方極樂世界去，就可以補到佛位的緣故，是有兩種。一種就是前面說過的，只有向上修，沒有退轉下來的原因。一種是因為壽命長的原因。因為別的世界上的人，都沒有這樣長的壽命，用功的時候，也沒有十分長久。若是根機淺薄一點的，恐怕等不到修成，壽命已經沒有了。西方極樂世界的人，壽命是無窮無盡的。千千萬萬年的修上去，哪裏會有修不成功的道理呢？況且還有前面所說種種不會退轉的原因呢？所以西方極樂世界，比其他什麼世界都好，就是這種道理。這是說凡夫生到了西方極樂世界，就能夠得到一生補處的地位。

還有一種說法，是生到西方極樂世界的人，有許多已經修到了一生補處的地位，像文殊菩薩、普賢菩薩，都已經修到了一生補處的大菩薩，也都在佛前發願，要生到西方極樂世界去。可見西方極樂世界，實在是好得不得了，大菩薩也都想生到那裏去。那麼我們這種凡夫，還不趕緊發願求往生麼？若能夠發這個願心，將來自然一定會應驗。

又無量壽經裏，釋迦牟尼佛對彌勒菩薩說，在這個娑婆世界，有六十七億不退轉的菩薩，生到西方極樂世界去。他們都是供養過無數的佛，就和彌勒菩薩一樣。彌勒菩薩是一生補處的大菩薩，既然說他們和彌勒菩薩一樣，那麼也都是一生補處的大菩薩了。照這樣看起來，生到西方極樂世界去的人，的確有許多已經修到一生補處的地位了。但是生到西方極樂世界去的人，既然都是不退轉的，還有無量無邊阿僧祇劫的壽命，那麼應該都修得到一生補處的地位了。為什麼經裏，不說都是一生補處，但說多有呢。（多有，是有許多的意思，並不是完全的意思。）

這是有道理的。因為阿彌陀佛四十八個大願裏，有一個願心說道：我若成了佛，我國裏人的壽命，沒有數字限制。除了那個人，本來有別的願心，要向他方世界，教化眾生。那麼要壽長、要壽短，就可以隨他的便。若不能夠這樣，我就不願成佛了。還有一個願心說道：我若成了佛，別的世界裏的許多菩薩，若生到我的國裏來，一定能夠修到一生補處的地位的。除非他自己本來有別的願心，要到別的許多佛國裏去，修種種的功德，教化眾生。那麼要去就去，也可以隨他的願。若不能這樣，我就不願成佛了。

因為阿彌陀佛有這兩個大願心，所以生到西方極樂世界去的人，因為自己本來有別的願心，不要永遠住在西方極樂世界，或是在西方極樂世界，得到了一點好處，等不及修到一生補處的地位，就到別的佛國裏去修了。這都可以隨各人的意思。那麼在西方極樂世界裏修的人，就不一定都得到一生補處的地位了。所以這一生補處，只說「多有」，不說「都是」，就是因為這個緣故。

還有，照上面「無量無邊聲聞弟子，皆阿羅漢」，兩句經文來看。可見生到西方極樂世界去的，不全是一生補處的大菩薩，還有許多聲聞在裏面哩！這也是不能說「都是」，只能說「多有」的原因。

但已經修到了一生補處的菩薩，也都要生到西方極樂世界去，所以往生的，自然多了。像前面所說娑婆世界有六十七億不退轉的菩薩，要生到西方極樂世界去。一個世界，已經有這麼多的一生補處的大菩薩，生到那裏去，那麼十方無窮無盡的世界裏，也都有這樣的大菩薩，生到西方極樂世界去的了。哪能數得清他們的數目呢？何況再加上生到那裏去的凡夫，也慢慢的修到了大菩薩的位子，那更加數不清了。

這一段，是說凡夫生到了西方極樂世界去的人，漸漸的修上去，補到佛位的人很多。已經修到一生補處的大菩薩，願意生到那裏去的，也多得不得了。

## 舍利弗！眾生聞者，應當發願，願生彼國。

**解** 佛又叫舍利弗道：眾生聽到了前面所說西方極樂世界，這樣多的好處，應該要發出願心來，情願生到西方極樂世界去。

**釋** 前面所說西方極樂世界的依報、正報，種種不得了的好處，生到那裏去的人，都可以得到這樣的好處。所以聽到這樣多好處的人，都應該要發出大願心來，情願生到西方極樂世界去。

這是佛第一次勸人。因為要想生到西方極樂世界去，有三種最要緊的事情，就是信、願、行，三種。

**信**，就是相信西方極樂世界，的確是有的。相信西方極樂世界，的確有如這部阿彌陀經所說的，種種不得了的好處。相信要生到西方極樂世界去，的確只要一心念佛，就一定能夠去的。相信念佛生到西方極樂世界去的方法，的確比其他什麼方法，簡便得多，穩當得多，不可以有一點點疑惑。

既然相信了，就應該要發**願**心。情願將來壽命完了，就生到西方極樂世界去，不生到別的世界去。情願專門修念佛的方法，不修別的方法。情願拋棄了現在這個世界上所有的種種妻兒財產，一切的東西。情願生到西方極樂世界去，見了佛，得了**無生法忍**，（這四個字，後面再詳細的講。）再回到這個世界上來，度脫無論有緣沒有緣的一切眾生。既然發了大願心，就應該要修了。

**行**，就是實實在在的去修，就是念阿彌陀佛，（念佛的方法，這裏就不細說，因為下面解釋「聞說阿彌陀佛、執持名號」一節，和末後附錄的「修行方法」，都要詳細講明的。）求生到西方極樂世界去。

這信、願、行，三件事情，譬如一只香爐，三隻腳，若缺了一隻，就擺不平，所以一樣也不可以少。但是三件裏，信和願，更加重要。因為能夠信，又有了願，自然會行了。

還有，大家必須要曉得的。這個願心的力量，是最大的。發了願心，沒有不應驗的。一個人發了善願，將來就一定得善的應驗。發了惡願，將來一定得惡的應驗。一個人到了差不多要死的時候，無論什麼東西，都要丟開了，只有這個願心，跟著一起去的。佛經裏說到這種實在的事情，多得很，大家可以查看的。

就像阿彌陀佛，所以能夠成佛，所以西方極樂世界，能夠有這樣的好處，都是阿彌陀佛做法藏比丘的時候，所發的四十八個大願心，一件一件應驗的。觀世音菩薩，能夠成大菩薩，也靠了他的廣大誓願。普賢菩薩，能夠成大菩薩，也靠了他十個大願。可見得願心的力量，是比什麼力量都大，沒有可以敵得過的。所以佛再三再四的勸人要發願心，勸人要發生到西方極樂世界去的願心。

**無生**兩個字，是能夠把這個心，安住在真如實相上，絲毫沒有凡夫的情念，可以丟棄，也沒有聖人的見解，可以取得的意思。一切眾生，本來沒有生，也沒有滅。所以大家看見生生死死，都因為貪、瞋、癡，種種虛的、假的亂念頭太多了，就現出生滅的形相來。講到真如實相的道理，的確是沒有滅，也沒有生的。說了沒有生，那沒有滅，也就包括在裡面了。所以這裡只說無生。

**忍**字，本來是安心忍耐的意思。現在是用忍耐來比喻證得無生忍的人，心頭很安舒，沒有一點念頭發生的意思。

**無生忍**，是證得心念沒有生滅的道理的好名稱。（心念沒有生滅，就是不心的意思。）

**無生法忍**，因為證得了心念沒有生滅的道理，就能夠見到一切的法，都沒有生滅的道理的好名稱。

這是真正見到了真如實相的道理，才能夠得到這種忍，得到無生法忍，就叫阿鞞跋致，永遠不被外面的境界，迷惑搖動他的心，再退轉下去。

這三句，是佛第一次勸聽到依、正，兩報種種功德的眾生，要發求生到西方極樂世界去的願心。

## 所以者何？得與如是諸上善人俱會一處。

**解**

為什麼勸人發願心，要生到西方極樂世界去呢？因為能夠和許多最上等的善人，都聚會在一塊兒的緣故。

**釋**

**如是**兩個字，就是指前面所說過的無窮無盡的聲聞、菩薩，和許多一世就補到佛位的大菩薩。因為在西方極樂世界，都是**最上等的善人**。若是發了大願心，生到了那裏去，就可以和他們天天聚會在一塊兒了。

前面所說生到西方極樂世界去的眾生，都可以不退轉下來，就因為和這些上等的善人，天天在一塊兒的緣故。因為有些世界，是有畜生、餓鬼、地獄的。有些世界，即使沒有畜生、餓鬼、地獄，但是有善人，就有惡人。有些世界，雖然只有善人，沒有惡人，但是不一定都是最上等的善人。只有西方極樂世界，都是最上等的善人。天天和他們在一塊兒，這樣還不一心向上麼？何況一個平常的凡夫，只要生到了西方極樂世界去，就可以和這些大阿羅漢、大菩薩，天天聚在一塊兒。這要不是靠了阿彌陀佛的大願大力，會有這樣的好福氣麼？所以無論什麼世界，沒有比西方極樂世界，更加好的了。怎麼可以不求生到西方極樂世界去呢？

這三句，是說為何勸人發願生到西方極樂世界去的原因。

## 舍利弗！不可以少善根、福德、因緣，得生彼國。

**解** 佛又叫舍利弗道：要生到西方極樂世界去，一定要有因緣。善根和福德，就是生到西方極樂世界去的因緣。但是善根少，福德少，就不能夠生到西方極樂世界去了。所以善根要培養得多，福德也要積聚得多。（善根和福德兩種解釋，後面會詳細講明白。）

**釋** 修到西方極樂世界去，要信、願、行，三種完備了，才能夠去成，前面不是已經說過的麼？

這個行字，還有正行、助行，兩種分別。正行，是行的主腦，行的根本。助行，是幫助正行完成的。

**正行**，就是發菩提心，和念阿彌陀佛的名號。發菩提心，就是發道心，就是發信佛的心，發求成佛的心，發度脫十方世界眾生的心。既然發了這樣的大願心，就應該切切實實的修。專門念阿彌陀佛的名號，就是切切實實的修。要想生到西方極樂世界去，就應該要專門念阿彌陀佛。（這個緣故，後面一節裏，會詳細講明白。）所以發菩提心，和念佛，叫做正行。所說的**善根**，就是指這種正行。不照這種正行修，就是沒有善根。修行人若只想自己修得好，自己可以免除生生死死，不發菩提心，度脫十方世界的苦惱眾生。將來只可以成為小乘，這就是**少善根**。

**助行**，就是孝養父母，念經拜佛，修六度、十善，受持禁戒，（受字，是領受在心。持字，是依了方法去做。）救濟窮人，戒殺放生。一切善事，都要盡自己的力量，認真去做。一切惡事，完全不做。再把做的善事，都回向到西方極樂世界去。（回向兩個字，後面會講明白的。）叫做助行。

所說的**福德**，就是指這種助行。不照這種助行修，就沒有福德。修了而不回向，將來只得到天上、或是人世上的好報應，就是少福德。要生到西方極樂世界去，一定要多培養善根，也要多積聚福德，才能夠去得成，所以說是不可以少的。

**因緣**兩個字，前面已經大略講過。不論什麼事情，都要有因緣。生到西方極樂世界去，當然更加要有因緣了。**因**，本來是根本的意思，是種子的意思。**緣**本來是幫助的意思。這裏的善根，就是生到西方極樂世界去的因。福德，就是生到西方極樂世界去的緣。

**回向**，就是不論做了什麼大小功德事情，都把它回過來，歸向到求往生西方極樂世界上去。我們修行的人，隨便做了什麼功德，就應該隨時回向。回向有方法的，一定要另外念回向文，照文裏的意思，發求生到西方極樂世界去的願心。不是單單把文字讀一遍，就可以算回向的。回向文，種類很多，附錄「修行方法」有的，看下去就曉得了。

這兩句，是說要多善根、多福德的人，才能夠生到西方極樂世界去。

舍利弗！若有善男子、善女人，聞說阿彌陀佛，執持名號，若一日、若二日、若三日、若四日、若五日、若六日、若七日，一心不亂。

**解**

凡是信佛的男子，都可以叫**善男子**。信佛的女人，都可以叫**善女人**。若有善男子、善女人，聽到有人說起阿彌陀佛的名字，就念起阿彌陀佛來，或一日、或二日、三日，或四日、五日、六日、七日，念到一個心，專注在佛上面，一點也不夾雜亂的念頭在裏面。

**釋**

所說的男子、女人，連出家人、在家人、六道眾生，只要有緣的，都包括在裏面。但是為什麼都稱他們做善男子、善女人呢？因為一個人，能夠聽到佛的名字，他的前生，必定有善根，所以才有這種福氣。怎麼見得有福氣呢？要曉得，凡是做一個人，都有**五種難處**。

第一，是**人身難得**。照佛經上說，要完全不犯五戒，或是修中品的十善，才可以得到人身。可見得人身是很不容易得的。但是講起發心修行來，只有人道來得容易。因為生在天道的人，快樂的事情多，大家貪圖了快樂，就不肯發心了。所以生在天道，反而沒有生在人道好。況且凡是佛出世，總是在人道裏現相成佛的，（現相，是現出各種的形相來。**現相成佛**，是現出成佛的相來。譬如釋迦牟尼佛，本來已經成了佛的，因為要現給眾生看一個修行的榜樣，所以特地投生做太子，慢慢的修行成佛，這就是叫現相成佛。）說佛法也是在人道的時候多。所以佛經裏，不說天身難得，只說人身難得，就是這個緣故。

第二，是**中國難生**。若是生在邊地，像現在的外國，就很不容易聽到佛法了。

第三，是**五根難備**。五根，就是眼、耳、鼻、舌、身，五種。備字，是完全的意思。這五種根，是不容易完備的。眼瞎了，就不能夠看經書。耳聾了，就不能夠聽佛法。舌壞了，就不容易念佛。身體殘缺了，就不能夠拜佛，和做別種的一切功德。

第四，是**善友難值**。值字，是碰到的意思。現在是末法時代，人心惡的多。引旁人做壞事的人多，肯勸人做善事的人少，肯勸人念佛修行的人更加少，所以叫善友難值。碰不到善人，沒有人用佛法來勸導了。

第五，是**佛法難聞**。有了上面所說的四種情形，要聽到佛法，實在是不容易了，何況佛是難得出現在世界上的。有的時候，竟然一個劫裏，沒有佛出世，或是幾個劫裏，也沒有佛出世。照法華經上說的，一百八十劫，空過無有佛。那沒有佛的時候，更加長久得不得了。像現在這個賢劫裏，有一千尊佛出世，真是難得的。照現在算起來，釋迦牟尼佛正法、像法的時代，都已經過去了，即使是末法的時代，只不過剩下七千多年了。過了這末法時代，就沒有佛法可聽見了。一直要經過許多萬萬年，到彌勒佛出世的時候，才再有佛法聽到。那麼生在這個中間的人，不就都聽不到佛法了麼？所以現在我們這些人，不要自己看輕了自己，不要自己對不住自己。我們在這五種難處裏，一樣難處也沒有，怎麼可以不一心一意的修行呢？

**執持**兩個字，本來都是用手捉住、捧住的意思。**執持名號**，就是教人常常一心一意的念佛，把心常常放在佛的名字上。像把佛的名字，用手捉住、捧住，不讓它走的意思。念佛的方法，也很多。有出聲念的，有不出聲念的，有掐了念珠念的，有不掐念珠念的，都可以，沒有一定的。還有念阿彌陀佛四個字的，有念南無阿彌陀佛六個字的，雖然都可以，但是念南無阿彌陀佛六個字的，就格外恭敬些，誠心些。因為加了南無兩個字，就有把我自己的身命，歸託給佛的意思在裏面了。所以念起佛來，不可以只貪快、貪多，只念四個字，不加南無兩個字。

所說的一日、二日、一直到七日，一心不亂，有兩種說法。一種是有的人第一日念佛，心還是亂的，有的人到了第二日，才能夠不亂，有的人甚至要到第三日、第四日、第五日、第六日，最慢的竟然要到了第七日，才能夠不亂。一種是只能夠六日不亂，到第七日，心就要亂了、只能夠五日、四日心不亂、有的人只能夠三日、二日心不亂、心是最難歸一的，有的人只能夠一日心不亂，到第二日、就要亂了，倘若能夠從第一日起，一直到第七日這個心一點點也不亂，那麼這個人的心，安定寂靜，真是了不得了。將來一定可以生到西方極樂世界去了。

但是這種亂不亂，全看念佛人的根機。根機深的、厚的，就容易些。根機淺的、薄的，就難些，沒有一定的。不過能夠把功夫用上去，自然漸漸會不亂的。因為功夫是可以勝過根機的，全在自己的要或不要了。

所說的**七日一心不亂**，並不是在壽命快完的時候，而是指平常時候說的。平常能夠做到這樣的功夫，那麼到了壽命完的時候，自然會不亂了。（壽命完的時候，心思若是亂了，那關係可大了。後面解釋「心不顛倒」一句，會詳細講明白。）所以勸人天天念佛，時時刻刻念佛。因為我們的心裏，雜亂念頭太多，一個念頭去了，一個念頭又來了。哪怕你一分鐘裏，也不曉得要起多少的亂念頭。念佛就是要收束這個散亂的念頭，使這個念頭，著牢在佛號上。佛號的念頭多一分，散亂的念頭就少一分。再加上漸漸的用功，能夠把這念頭，都收到佛號上，旁的念頭，一點也沒有了，就叫做**一心不亂**了。

念佛的人，最好是用心聽自己念佛的聲音，要一句一句的聽得清清楚楚，一個字也不放過它。照這樣的念法，自然心就容易歸一，旁的念頭，也起不來了。這是修一心不亂最好的方法，大家可以學到的。平常時候，真的能夠做到一心不亂，那麼到了臨終的時候，就可以一心都在佛的身上，別種雜亂念頭，完全不起，就可以感動佛來接引到西方極樂世界去了。

即使是根機差點的人，不能夠念到一心不亂，但只要有真正的信心，切實的願心，至誠懇切的念，能夠什麼惡事，一點也不做，什麼善事，都認真做，一心決定要生到西方極樂世界去，不起死了去做鬼的念頭，也不起下一世再做人的念頭，那麼到了臨終的時候也可以承蒙佛來接引到西方極樂世界去的。切不可說我還沒有到一心不亂的地步，不能夠生到西方極樂世界去，就去求下一世的福報，（福報，就是有福的報應。）那就大錯特錯了。（求福報是不對的原因，在後面解釋「我見是利」一節、會說明白的。）

一個人若能夠到一心不亂的地步，就可以生到西方極樂世界去了。即使沒有到一心不亂的地步，只要能夠有切實的信心、願心，也可以生到西方極樂世界去的，只不過覺得吃力點。並且所生的品位，比一心不亂的人，要低得多了。這一部阿彌陀經說行持的方法，（行，就是修行。持，就依了方法去做。前面已經講過的。）最重要的地方，就在這一心不亂四個字上面。

這一段，是說念佛要念到一心不亂的地步。

## 其人臨命終時，阿彌陀佛，與諸聖眾，現在其前。

**解**

那個念佛的人，差不多要死的時候，阿彌陀佛和許多的菩薩，都顯現在他的面前。

**釋**

念佛的人，真的能夠念到一心不亂，那麼這個人，到了差不多壽命要臨終的時候，阿彌陀佛，觀世音菩薩、大勢至菩薩，還有許多的菩薩、聲聞，許多天上的人，都會顯現在這個人的面前的。這時候阿彌陀佛手裏，還拿了念佛人起初念佛的時候，七寶池裏所生出來的一朵蓮花，來迎接他。這個人的**心識**，（心識兩個字，在前面解釋「共命之鳥」的小註裏，已經說明過的。）就託在這個蓮花，生到西方極樂世界去了。

但是阿彌陀佛，和觀世音、大勢至，兩位大菩薩，也要看這個念佛人的功行的。倘若功夫深，道行高，能得到上品、中品生的，那麼佛和菩薩，親自會來迎接的。若下品生的，那麼只有化出來的佛，化出來的觀世音菩薩、大勢至菩薩會來了。

一個人到了臨終的時候，正是緊要關頭，平常時候所造的善業、惡業，都在這個時候，同你算帳。所說的**萬般將不去，惟有業隨身**，就是人到了臨終，無論什麼東西，都拿不去，只有這善業、惡業，跟牢了你。照這樣說起來，可怕不可怕呢？人還要做惡事嗎？念佛修行有功德的人，臨終的時候，就有佛和菩薩來迎接。若造惡業的人，那麼就有刀山、劍樹、牛頭、馬面，種種地獄的惡形像，現出來了。所以有些人，臨死的時候，面上露出種種驚嚇的形狀來，就是這個緣故。

你想一個人，只要一心念佛，等到臨終的時候，就有佛和菩薩來迎接他，這種事情，便宜不便宜呢？這也是阿彌陀佛發的大願心裏，有一個願說道：我若成了佛，十方世界，有發菩提心，修種種功德，情願生到我國裏來的眾生，他臨終的時候，我和許多菩薩、聲聞等，都在他的面前顯現出來。阿彌陀佛發了這個大願心，才成了佛的。所以念佛求生到西方極樂世界去的人，臨終的時候，阿彌陀佛，一定和許多菩薩、聲聞等，去迎接他的。

這一段，是說念佛求生到西方極樂世界去的人，到了臨終的時候，阿彌陀佛和菩薩，都會顯現到他的面前來。

## 是人終時，心不顛倒，即得往生阿彌陀佛極樂國土。

**解釋**

這個人到了命差不多要絕時，心裏頭清清楚楚，不會顛顛倒倒，他立刻就能夠生到阿彌陀佛的西方極樂世界去。

上面說臨命終時，是說差不多要臨終的時候。這裏說是**人終時**，就是命絕氣斷的時候了。一個人到這個時候，倘若平常時候不修的人，這個心就一定亂得很，糊糊塗塗，昏昏沉沉，一點也捉摸不住了。應該墮落到地獄道去的人，看見了刀山劍樹，當它是座很好的花園。應該墮落到畜生道去的人，看見了驢馬的胎，當它是座很大的房屋。就這樣顛顛倒倒，不知不覺，就進去了。平常時候，念佛念慣的人，沒有惡業的，到了斷氣的時候，心思清清淨淨，安安定定，一心想生到西方極樂世界去見佛。自然就會進到阿彌陀佛來迎接時，拿的那朵蓮華裏面，而跟隨了阿彌陀佛一起去的。

**即得**兩個字，就是立刻能夠得到的意思。有的人說道，西方極樂世界，隔開我們這裏有十萬億個佛世界，這樣的遠，即使走幾千萬年，恐怕也還走不到。怎麼能夠立刻就生到那邊去呢？要曉得一個人的心量，雖然有限制，不能夠像菩薩那麼大，但已經很不小了。所有十方世界，完全在自己的心裏，所有種種的形相，都是從自己心裏，現出來的。所以哪怕隔開得再遠，只要心一動，就已經到了那邊了。

譬如一個人，從前出過遠門的，現在想起那個地方來，心裏就清清楚楚，像在眼前一樣。還有從前書裏說，有人做夢，覺得到了一個地方去，看見種種東西，後來隔了一些時候，真的找到那個地方，跟夢裏所看見的，竟然一點也沒有兩樣。可見得那個做夢的人，其實是到過那個地方去的。往生的人，和這兩種情形，是差不多的。

要曉得一個人的身體，都是前世的**業報**。念佛是一種清淨的業，修了這種**淨業**，到了後世，就自然應該受淨土的福報。（**淨土**，是清淨的國土，就是西方極樂世界。）何況還靠了阿彌陀佛的願力，來接引他。所以只要動一動念頭的功夫，就能夠在西方極樂世界現出相來，這就叫做往生西方極樂世界。

並且一個人到了斷氣的時候，他家裏的人，萬萬不可以狂喊亂叫，高聲大哭。使這個人的心思，有一點點的擾亂。因為這個人看到了家裏人悲傷的樣子，聽到了哭喊的聲音，功夫差一點的，就要動起情愛來了。一動了情愛，有一點捨不得、放不下的意思，那心就要亂了，念頭就要顛顛倒倒了，西方極樂世界，就去不成了。這個是最要緊，最是錯不得的。

所以在人家家裏，碰到了要臨終的人，最要緊的，是大家要幫助他念佛，並且要高聲念，使他聽得到。那麼這個人的心思，就完全在念佛上面了，就不會散亂了，不會顛倒了，西方極樂世界，就可以去得成了。就是氣已經斷了，身體還沒有很冷的時候，若是哭的哭、喊的喊，他還是聽得到的。聽到了，還是要心亂的。一定要等到他身體冷透了，才可以哭。凡是做兒女媳婦的人，能夠幫助他的長輩，生到西方極樂世界去，才算是真正的大孝。這個功德，大得不得了。若是不明白大道理，只曉得盡我們這個世界上，一點點的假面子，害得他長輩不能夠生到西方極樂世界去，那就是真正的大不孝了。這個罪過，也是大得不得了。這一出一進的關係，實在是很大很大。

還有，一定要曉得，一個人氣剛剛斷，還沒有冷的時候，雖然說是已經死了，但是他的靈性，還沒有去遠，他的身體，是碰不得的。因為碰到了，是很難受的，他還感覺得到的。會覺得難受，他口裏雖然不會說，但他心裏，一定是很發火的，很怨恨的。那剛剛死的人，一發了火，一動了怨恨心，不但不能夠生到西方極樂世界去，還恐怕要墮落到毒蛇惡獸那邊去哩！所以一定要等到他的身體冷透了，才可以去揩他，搬動他，或是替他換衣服。這也是很要緊的，不可以不牢記的。若時間久了，屍身的臂和腿硬了，不能夠把他彎曲起來，穿上衣服，可以用熱毛巾，搭在臂彎腿彎裏。只要一刻，就會發軟了，好穿衣服了。

這三句是說臨終時，心思很定的人，就立刻能夠生到西方極樂世界去。

舍利弗！我見是利，故說此言。若有眾生，聞是說者，應當發願，生彼國土。

**解** 佛又叫舍利弗道：我看見只要一心念佛，就可以生到西方極樂世界去的大利益，所以會說一心念佛的這些話。若聽到我這些話的眾生，就應該要**發願心**，情願生到西方極樂世界去。

**釋** **是利**，兩個字，是指前面一心念阿彌陀佛，就可以生到西方極樂世界去的利益。利益有兩種，一種叫**自利**，是自己得到利益，就是生到西方極樂世界去了，慢慢的修上去，就可以補到佛位。一種叫**利人**，是使旁人有利益，就是生到西方極樂世界去，見了佛，得了道，再回到我們這個世界上來，度脫眾生，一起到西方極樂世界去。佛因為看見生到了西方極樂世界去，有這樣兩種的大利益，所以勸人一心念佛，盼望眾生聽到了這些話，個個都發出大願心來，來念阿彌陀佛，求生到西方極樂世界去。

我們要曉得，既然說生到了西方極樂世界去，有這樣大的利益，反過來說，不生到西方極樂世界去，就沒有利益，只有禍害了。既然不生到西方極樂世界去，就沒有利益，只有禍害，那還不趕緊拚命念佛，求往生西方嗎？（這個沒有利益，只有禍害的原因，後面就會說明白的。）

譬如有兩樣東西在這裏，一樣是很好的，一樣是很壞的。不論誰都是拿好的，決不會拿壞的。那麼現在有兩個世界，一個是很好的西方極樂世界，一個是很苦的我們這個娑婆世界，這樣還有不想生到西方極樂世界去的嗎？還有捨不得丟開這個娑婆世界的嗎？

何況不生到西方極樂世界去，而想在我們這個世界上修行，那不曉得要修到哪一世，才會修得成呢？因為我們這個世界上，壽命短得很，照現在平均算起來，活到七十歲，已經算是長壽了。（因為現在正是減劫的時代，照算起來，人的壽命，只應該有七十歲。）況且一天一天過下去，將來的壽數，還要更短哩！又沒有親自看見佛，親自聽到佛說法，也沒有和許多菩薩、聲聞，天天在一塊兒。現在又是末法時代。邪魔外道，（外道和**邪魔**，有分別的。邪魔，是有害人的意思的。**外道**，是指他們的知識見解是不正當的，凡是不合佛法修行的，都可以叫做外道。）引誘人走到迷路上去的，這種人到處都是。我們這些人的根機，又都是很淺薄的，哪裏能得到真正的佛法，在這一世上修成呢？

佛說過的，末法時代，即使有億億人修行，也難得有一個人能夠修成。只有念佛求生到西方極樂世界去，才能得免了這生生死死的苦。所以除了這個念佛方法，求生到西方極樂世界去，無論用什麼方法，要在這一世上修成，終究是來不及的。若到了下一世，就不曉得生到什麼地方，哪一道裏去了？

像上面所說的五種難處，也不曉得能不能夠免去呢？若不能夠免去，那麼要修也很難很難了。倘若墮落到三惡道去，那就不曉得哪一世才能夠得到人身哩！你們最好不要說，我這一世沒做什麼惡事，下一世不會墮落到三惡道去的。要曉得一個人的受報應，不一定受前一世的報。報應有近報、遠報的分別，或是報前一世、或是報前二世、前三世、前十世、前二十世，都說不定的。你們能保證前生、前前生，都沒有做過惡事嗎？就算下一世不墮落到三惡道去，或竟然得到了好報應，做極快活的人，但是越快活，越容易造業，越有權勢錢財，造起業來，越大越厲害。那麼再下一世，絕對要受非常大的苦報應了。所以前面說不生到西方極樂世界去，就沒有利益，只有禍害，就是這個緣故。

何況下一世也不能保證一定不墮落到三惡道去，細細想來，實在可怕得很。所以我們現世既然得了人身，又曉得了念佛求生到西方極樂世界去，是最簡便、最穩當的方法，萬萬不可以錯過這種機會，趕緊求生到西方極樂世界去。因為機會難得，一錯便千生萬劫，難碰到了。

只要看已修成佛的，哪一尊佛，不是修了好多劫數的年代，才成的。就像釋迦牟尼佛，也是修了三大阿僧祇劫，才成佛的。等到做印度太子的時候，是已經修成了佛，再來**現生**說法的，（現生，是現出投胎到世界上來做人的相。）並不是只有幾十年，就修成功的。現在靠了阿彌陀佛的大願心，有了念佛求生西方極樂世界去，一世就可以補到佛位的好方法，佛才會這樣再三再四的勸我們。我們若是不聽，就對不住佛的一片好心了。這個罪過，也就不小了。

因為別種方法修行，一定要修到了惡業消滅盡了，各種微微細細的迷惑，都破得乾乾淨淨了，才能夠修成。現在所講的念佛求生到西方極樂世界去的方法，可以帶了業去的。一到了西方極樂世界去，得到了宿命通，曉得了前世造的罪業，只要在阿彌陀佛面前，自己認了罪，誠心的懺悔，都可以消去的。況且照觀無量壽佛經上說，若是誠心念佛，就是念了一聲南無阿彌陀佛，已經可以消去八十億劫生死的重罪，何況是天天念佛呢？

還有，不可以不曉得的，我們這些人，在六道裏，出出進進，不曉得多少次數了，哪裏會沒有業呢？若是真的沒有業，怎麼還會在這個世界上，做人受苦，不在西方極樂世界享受快樂呢？這是佛第二次勸人發願，求生到西方極樂世界去。

這一段，是說佛看見了上面所說的種種利益，所以述說這專門念阿彌陀佛的方法，勸人發一心念佛求生到西方極樂去的願。

## 舍利弗！如我今者，讚歎阿彌陀佛，不可思議功德之利。

**解**　佛又叫舍利弗道：像我現在所以讚揚、歎美阿彌陀佛，因為他有無量無邊的功德。像前面所說種種功德的利益，真是想也想不到，說也說不完。

**釋**　**讚**，是讚揚。**歎**，是歎美。（美，就是好。歎美，就是讚他好的意思。）

釋迦牟尼佛，所以讚揚、歎美阿彌陀佛，是因為阿彌陀佛，有如前面所說的種種大功德，大利益。所以釋迦牟尼佛，為了我們一切眾生，述說這念佛求生到西方極樂世界去的方法。這個方法，實在是少有的，實在是不容易聽到的，聽到了實在要感激阿彌陀佛的恩德的。所以又要稱讚，又要感歎。

**不可思議**，就是不是可以用心思想得到的，不是可以用說話講得完的。是說這一心念佛的功德，所得到的利益，又大又多。這種功德的利益，實在不是平常的利益。

所說**功德**兩個字，包括很多。前面說過的種種依報、正報，和一心念佛，就可以生到西方極樂世界去，不會退轉下來，一直可以補到佛位的種種功德，都包括在裏面。

這兩句，是說佛自己讚歎阿彌陀佛不得了的功德。

## 東方亦有阿閦鞞佛、須彌相佛、大須彌佛、須彌光佛、妙音佛，如是等恆河沙數諸佛。

**解釋**

在這個娑婆世界的東面，有無窮無盡的世界，那些世界裏的佛，像阿閦鞞佛等，不曉得有多少。像那恆河裏的沙，數也數不清的。阿彌陀佛的功德，最大最多。不只是釋迦牟尼佛，讚歎他。就是各方世界的佛，也都讚歎他。東方世界，有數也數不清的佛，也都讚歎阿彌陀佛的功德。

**阿閦鞞佛**的阿閦鞞，三個字，是梵語。照中文的解釋，就是**不動**。佛的法身，是不生不滅的，永遠不會變動的。阿閦鞞佛的名字，就是取這個意思。他的世界，叫歡喜世界。和西方極樂世界，差不多的。但是歡喜世界的人，雖然也是從各種花裏生出來，雖然也沒有淫欲的事情，究竟還有男女的形像，所以沒有西方極樂世界的好。

**須彌相佛**，是說佛相的種種好處，都是從福德、智慧上顯出來的。譬如須彌山，是四種寶貝合成的。

**大須彌佛**，是說佛的福德大，智慧大，沒有可以和他比的，像須彌山高過七金山一樣。

**須彌光佛**，是說佛的光，能夠照到遠處地方。借這個須彌山來、比喻佛光的大。

**妙音佛**，是說佛的聲音微妙，能夠使聽佛說法的眾生，都得到種種的利益。既然說東方的佛，多到數不清楚。為什麼只提出五尊佛的名號呢？這是和前面一千二百五十個大弟子，只提出舍利佛等十六位來，一樣的意思。

**恆河**，是印度地方的一條很大的河，有四十里路的寬闊。佛說法的地方，離這條河很近的。這條河裏的沙，比別條河裏的沙，格外的細，格外的多。所以佛要比喻多的地方，都是用恆河的沙來比的。東方的佛，像恆河裏的沙，這樣的多，那還有數目的名稱能夠說呢？

這一段，是說東方有很多的佛。

## 各於其國出廣長舌相，徧覆三千大千世界。

**解** 前面所說的許多佛，各佛各在他們自己的佛世界裏，現出他們又闊又長的舌的形相來，把三千大千世界，一起遮蓋起來。

**釋** 一尊佛，管理一**佛土**，就是一**個大千世界**。所以叫各佛在各佛自己的世界裏，佛的身體，可以大，也可以小。小的只有一丈六尺，就是所說的丈六金身。照觀無量壽佛經上說，也有現八尺的形相的。這都是現給凡夫，和緣覺、聲聞看的。若是大的，那就充滿在虛空裏，和虛空一樣的大。並且一尊佛的身體，可以充滿在虛空裏。十尊佛身，百千萬億無窮無盡的佛身，也可以各個充滿在虛空裏，大家聚在一塊兒，並且大家各不相礙的。因為佛的法身，就是那不生不滅的真實心。心量是最大的，但是沒有形相的。

楞嚴經上，佛對阿難說：要曉得虛空在你的心裏，像一片雲在太清裏一樣。何況所有的許多世界，還完全在這虛空裏呢？看了這幾句話，就可以曉得心的大，也可以曉得佛的法身的大了。佛的法身，既然沒有形相的，當然大家聚在一塊兒，就不會相礙了。譬如一間房屋裏，點了許多的燈，那各盞燈的光，都是照滿這間房屋的。燈光和燈光，儘管多得很，一點也沒有相礙的。一切佛的法身，是一個法身，就是這個意思。

所以佛的法身，和我們凡夫的身體，是不同的。若講起真實的道理來，即使我們現在的身體，也不能說一定有形相的。就如那些學邪術的人，有一種叫隱身法，能夠把身體隱沒了，一點形跡也沒有。還有一種遁法，能夠穿過牆壁去，沒有阻隔。可見一個人的身體，其實也可以說是空的。倘若不是空的，真的有堅硬的東西，那麼怎麼能夠隱沒，怎麼能夠穿過牆壁呢？能夠穿過牆壁，其實連這牆壁，也可以說是空的，沒有質地的了。所以佛經裏說，凡看得見的各種形相，都是不真實的。這道理，大家也應該明白的。

還有，佛的法身，雖然是說沒有形相的，但是能夠現出種種的形相來的。觀無量壽佛經上說，現出大的身體來，就充滿在虛空裏，現出小的身體來，就是一丈六尺或是八尺。要現大，就現大，要現小，就現小，都可以的。

**廣長舌相**，是東方各世界的佛，要使他們本國的眾生，大家都相信釋迦牟尼佛所說的這部經。所以顯大神通，現出遍覆三千大千世界的廣長舌來，盼望他們本國的一切眾生，看見了這種舌的形相，又聽見佛勸他們相信，大家都相信領受，依了佛所勸的話去做，沒有一點疑惑的念頭。

**徧**字，是周遍，就是各面都到的意思。

**覆**字，是遮蓋的意思。

**徧覆**，就是沒有一處不遮蓋到。

口業清淨的人，舌一定長的。凡夫若三世不打妄語，舌可以長過鼻尖。佛歷來都沒有妄語的，何況是為了囑付眾生，要他們相信這第一等最圓滿、最爽快的好方法，所顯現的大神通。那麼這個舌，自然大得不得了，可以遮蓋到三千大千世界了。即使是丈六金身的佛，平常不顯神通的舌，也可以遮蓋過面孔，一直到頭髮邊哩！

這一段，是說東方各世界的許多佛，現出又大又長的舌相來。

## 說誠實言：汝等眾生，當信是稱讚不可思議功德，一切諸佛所護念經。

**解** 東方各世界的佛，誠誠實實的說道：你們這些眾生，聽到稱讚這「心思想不到，言語說不完」的功德，並且所有一切的佛，所保護、記念的經，應該都要相信，不可以有一點疑惑的。

**釋** **汝等**兩個字的解釋，就是俗話的你們。**當信是**的**是**字，就是指這部阿彌陀經。「**稱讚不可思議功德，一切諸佛所護念經**」十六個字，就是這部阿彌陀經原來的名稱。

鳩摩羅什法師，所以改叫做佛說阿彌陀經，有兩個原因。一個原因，是要眾人常常聽到佛的名字。一個原因，是字數少，容易對人說，也容易使人家記牢這個發起信心、願心，專門念阿彌陀佛，求生到西方極樂世界去的方法。其實是十方三**世**，（三世，是過去世、現在世、未來世，凡是已經過去的時代，都叫做過去世。現在的時代，就叫做現在世。後來的無窮無盡的時代，都叫做未來世。）一切的許多佛，向上面說，自己修成佛道，對下面說，教化一切眾生。從起初發心修行，直到後來終於成佛的最高、最好的第一等方法。所以釋迦牟尼佛說了這部經，東方一切的許多佛，各各現出廣長舌的相來，表明這個方法，是可以相信的。再對他們自己世界裏的，不論是聖人，是凡人，一切的眾生說，你們都應該相信釋迦牟尼佛所說的這部經。

因為那些在法會裏的大眾，（法會，是講佛法的會。）若已經修到了聖人的地位的人，對他方各世界許多的佛所勸導的話，都能夠完全清清楚楚，聽得到的了。對沒有修到聖人地位的那些凡夫，聽不到他方各世界許多佛勸導的話，但是在他們各人自己世界裏的佛，也都勸導他們相信，那當然無論聖人凡夫，都能夠照這個方法去修了。這樣看來，這種念佛求往生西方極樂世界的方法，實在是最合真道理，最合上等、中等、下等，各種根機的人的方法。若再不相信，就會得罪各方世界的許多佛了。

上面釋迦牟尼佛的讚歎，是讚歎阿彌陀佛。這裏各方佛的讚歎，是讚歎這部經。

**護念**兩個字，是保護、記念的意思。凡是念佛的人，阿彌陀佛，常常在他的頭頂上，保護他的。又念佛的人，阿彌陀佛，常常記念他們，接引他們，到西方極樂世界去的。

現在說到各方的佛，不但是阿彌陀佛護念了，各方無窮無盡的佛，也都來護念了。我們這些人。還可以不趕快依照這部經裏所說的方法，生出信心來，發起願心來，念阿彌陀經，念阿彌陀佛，求生到西方極樂世界去麼？

這一段，是東方各佛，稱讚這阿彌陀經，勸眾生相信。

舍利弗！南方世界，有日月燈佛、名聞光佛、大燄肩佛、須彌燈佛、無量精進佛，如是等恆河沙數諸佛。各於其國出廣長舌相，徧覆三千大千世界。說誠實言：汝等眾生，當信是稱讚不可思議功德，一切諸佛所護念經。

**解**

佛又對舍利弗說道：在我們這個世界的南面，也有無窮無盡的世界，無量無邊的佛，也都懇懇切切的，勸他們本國裏面的一切眾生，都要相信這部經。

釋

**日月燈佛**，是譬喻佛的智慧，能夠破去根本的無明，就像那日光、月光、燈光，能夠照到一切地方，消滅黑暗的景象一樣。

**名聞光佛**，是說佛的名聲大，可以使得十方一切的世界上，都聽見。像極明亮的光一樣，能夠照到遠處地方。

**大燄肩佛**的燄字，是火光。肩，是左右兩個肩膀，借它來表明佛的兩種智慧。一種是**方便的智慧**。（這一句，就是佛書裏所說的**權智**兩個字。凡是佛講經說法，其實都用方便的方法，依眾生的根機，對甚麼人，說甚麼話，使他們相信佩服，走進佛法的門裏去，慢慢的可以度脫他們。）一種是**眞實的智慧**。（這一句，就是佛書裏所說的實智兩個字。講到佛法眞正的理，實在是不可思議的，說起來，有時不免落到偏的一邊，只有用這個眞實的智慧去覺悟。）用這兩種智慧，擔當去做一切的佛事，所以說是肩。智慧能夠照破無明，譬如像火的光，所以說是燄。佛的智慧最大，所以得到這大燄肩的名號。

**須彌燈佛**，是說燈火，像須彌山一樣的高大。這也是比喻佛光，能夠照到極遠的意思。

**無量精進佛**的無量兩個字，有兩種道理。一種是說修行時間，長久得沒有限量。和上面的菩薩裏，常精進的名號，差不多的意思。一種是說所做的事情，沒有限量。那是讚歎佛的自利、利他的功德。

**如是等恆河沙數諸佛**各句的解釋，和前一節是一樣的，可以不必再解釋了。

這一段，是說南方的許多佛，也都稱讚這阿彌陀經，勸眾生相信。

舍利弗！
西方世界，有無量壽佛、無量相佛、
無量幢佛、大光佛、大明佛、寶相佛、淨光佛，
如是等恆河沙數諸佛。
各於其國出廣長舌相，徧覆三千大千世界。
說誠實言：
汝等眾生，當信是稱讚不可思議功德，
一切諸佛所護念經。

解

佛又對舍利弗說道：在我們這個世界的西面，無窮無盡的各世界裏的佛，也都勸他們本國裏的一切眾生，要相信這部經。

**釋**　**無量壽佛**和阿彌陀佛是同名的。你們要曉得，十方世界，同名號的佛，也多得不得了，不是數字可以算得清楚的。若當做就是阿彌陀佛，不免太呆板了。因為一尊佛，可以有無數的名號。一個名號，也可以有無數的佛。這也是應該要曉得的。無量壽佛的名字，在前面解釋彼佛壽命一句裏，已經詳細講過了，這裏不再講了。

**無量相佛**，是說佛種種的好形相，沒有限量。像觀無量壽佛經上說，阿彌陀佛，有八萬四千種相。一種一種的相裏，又各有八萬四千種的**隨形好**。（隨形好，是跟隨在這個形相上的好，每一種形相裏，還各有八萬四千種連帶的好相。）一種一種的隨形好裏，還各有八萬四千種的光，其實也可以稱它是無量光。

**無量幢佛**的幢字，和旛差不多的，是把它做引導用的。不過旛是扁的，幢是圓的，或是六角的，八角的，豎起來很高的。借它來比喻佛的功德高大。幢的數目無量，就是表示佛的功德無量。

**大光佛**，是說佛光最大，沒有一處照不到。

**大明佛**，是說佛用了大智慧，破除一切的無明迷惑。沒有了無明，那就是大明了。

**寶相佛**，是說佛的形相好，與眾不同的，像是各種的寶貝。還有，佛經裏，常常拿寶貝來稱讚佛相的。像佛眉心中間的白毫相，說它是像玻璃筒，這就是所說的寶相了。

**淨光佛**，是說佛的光明，圓滿清淨。被這種光照到的人，就能夠得到身心清淨的利益。

下面的幾句，仍舊同前面一樣解釋的。

這一段，是說西方的許多佛，也都稱讚這阿彌陀經，勸眾生相信。

舍利弗！
北方世界，有燄肩佛、最勝音佛、難沮佛、日生佛、網明佛，如是等恆河沙數諸佛。各於其國出廣長舌相，徧覆三千大千世界。說誠實言：
汝等眾生，當信是稱讚不可思議功德，一切諸佛所護念經。

解

佛又對舍利佛說道：這個世界的北面，也有無窮無盡的世界。那些世界無量無邊的佛，也都勸他們本國裏的眾生，要相信這部經。

釋

燄肩佛，和前面大燄肩一樣，已經解釋過了。

**最勝音佛**，是說佛的聲音最好，勝過所有一切的聲音。佛的聲音，總共有八種的好處。

第一種叫做**極好音**。各種天上的人，和聲聞、菩薩，說話的聲音，都是好聽的。但是比起佛來，終究是不及的。所以說佛的聲音，是極好的，沒有比得上的。

第二種叫做**柔軟音**。佛是大慈大悲的，所以發出來的聲音，也是溫柔、和軟的。

第三種叫做**和適音**。和，是沒有違背的意思。適，是相當恰好的意思。佛所說的法，都是照了自己所證到的道理，依聽法的人根性的大小、深淺，為他們講演。配合著自己所證到的道理，配合著聽法人現在的根機，兩面都顧著，恰好配合適當，一點也沒有根機和教法不相配的說法。

第四種叫做**尊慧音**。佛是一切眾生裏最尊貴的。佛的智慧，是最廣大的。所有發出來的聲音，能夠使聽到的人，心裏都尊重他的說法。能夠使聽到的人，增長許多的智慧。

第五種叫做**不女音**。佛的十個名號，（十個名號，在後面附錄的「修行方法」，會說明白的。）有一個是叫調御丈夫。調，是教化的意思。御，是引導的意思。丈夫，就是男人，俗語說的男子漢，大丈夫。其實大丈夫三個字，只有佛能夠說。佛的聲音，能夠使天魔外道，（天魔，是天上的魔。）聽了都歸伏他。不像女人的說話，一味的柔軟好聽，沒有威勢。

第六種叫做**不誤音**。佛的智慧，能夠見到一切事情的真實道理。所以發出來的聲音，沒有一點錯誤。

第七種叫做**深遠音**。深，是指直向說的。遠，是指橫向說的。佛的聲音，能夠使所有十方有緣的眾生，大家都聽見，沒有上下、遠近的分別。

第八種叫做**不竭音**。不竭，就是無窮無盡的意思。佛的說法，即使只說一句，也有想不完的許多道理在裏面。佛有這八種的聲音，所以說是最勝。

**難沮佛**的沮字，是水的名稱，有流動的意思。凡夫在輪迴裏，生生死死完不了，就像流動的水。佛是已經證了法身，永遠不會變動的了，所以說是難沮。還有一個解釋，沮字，同阻字可以通用的。難沮，是說佛的威德神通，一切天魔外道，都難阻止住他。

**日生佛**，是比喻佛的智慧光，能夠照到一切，像太陽昇起來了，各處都照到的意思。若說佛光照了，可以破自己的無明，那是自利。若說佛光照了，可以破眾生的迷惑，那是利他。

**網明佛**，大梵天王有一個寶珠的網，網上有一千顆寶珠，都有光發出來的。一顆一顆珠子的光，這顆照那顆，那顆照這顆，光芒回折轉來，更加明亮得不得了。佛的智慧，一切都能夠照到，像大梵天王的珠網一樣的明亮，這也是比喻佛的智慧。

還有幾句經，仍舊是照上面的解釋。

這一段，是說北方的許多佛，也都稱讚這阿彌陀經，勸眾生相信。

舍利弗！下方世界，有師子佛、名聞佛、名光佛、達摩佛、法幢佛、持法佛，如是等恆河沙數諸佛。各於其國出廣長舌相，偏覆三千大千世界。說誠實言：汝等眾生，當信是稱讚不可思議功德，一切諸佛所護念經。

**解**

佛又對舍利弗說道：這個世界的下面，也有無窮無盡的世界。那些世界的一切佛，也都勸他們本國一切的眾生，要相信這部經。

**釋**

**師子佛**的師子兩個字，就是獅子，是野獸裏的王。只要牠叫一聲，各種的野獸，都嚇得不敢動了。佛的說法，能夠使一切的眾生，都相信他，佩服他。即使是天魔外道，也都歸依佛法。像獅子降伏一切野獸的情形，差不多的。

**名聞佛**，和前面的名聞光佛，差不多的，已經解釋過了。

**名光佛**，若說佛的名聲，像日光照到遠處一樣，和前面的名聞光，是一樣的意思。若分開來說，那麼名，就是佛名。光，就是佛光。佛的大名聲，一切世界，都能夠傳得到。佛的智慧光，一切世界，也都能照得到。照這樣解釋，也可以的。

**達摩佛**的達摩兩個字，是梵語，就是中文的法字。佛自己證得了法身，再說出各種的方法來，要使一切眾生，也都證得法身，自利、利他，都在這個法字上面。

**法幢佛**的幢字，使人家信仰的意思。（幢字，在前面解釋「無量幢佛」一句裏，已經詳細說明白了。）佛法最高，一切的眾生，都信仰的，所以拿幢來比。

**持法佛**的持字，是拿定的意思。拿定了這最妙的佛法，教化一切的眾生，使他們都能夠脫離苦海，到極快樂的地方去。

還有各句的解釋，仍舊同前面一樣的。

這一段，是說下方的許多佛，也都稱讚這阿彌陀經，勸眾生相信。

舍利弗！
上方世界，有梵音佛、宿王佛、香上佛、香光佛、大燄肩佛、雜色寶華嚴身佛、娑羅樹王佛、寶華德佛、見一切義佛、如須彌山佛，如是等恆河沙數諸佛。各於其國出廣長舌相，徧覆三千大千世界。說誠實言：
汝等眾生，當信是稱讚不可思議功德，一切諸佛所護念經。

佛又對舍利弗說道：這個世界的上面，有無窮無盡的世界。那些世界的佛，也都勸他們本國裏的一切眾生，要相信這部經。

**解釋**

**梵音佛**的梵字，就是梵天。梵天的人，沒有情欲的念頭，都是清清淨淨的。所以身、口、意，三種業，都清淨的修行人，就稱他是修梵行。佛說的各種方法，都是教眾生除去一切的煩惱，使心裏好清淨。所以佛的聲音，也稱它是梵音，就是取清淨的意思。

**宿王佛**的宿字，就是星宿。月稱星宿的王，因為無數的星光，都比不上一個月光的亮，所以說它是王。有如佛在一切眾生 是最尊最貴的意思。

**香上佛**，是說佛是香中最上等的香。佛證得了五分法身的香。（五分法身香，是說用了五種功德的香，熏出這個法身來，所以叫做**五分法身香**。五種甚麼功德香呢？

第一是**戒香**。自己心 ，沒有貪心、瞋心、癡心等，種種惡心，就叫做戒香。

第二是**定香**。對了外面的種種境界、不管它是好、是壞、是苦、是樂，心總是一點也不變，就叫做定香。

第三是**慧香**。明白一切真正的道理，不起一點點亂想的心，就叫做慧香。

第四是**解脫香**，心裏清清淨淨，不去想念一切的境界，逍遙自在、沒有阻礙，就叫做解脫香。

第五是**解脫知見香**。既然自己的心，不去攀緣外面的境界、也不讓它落在空的一邊，那麼就應該多讀各種佛經、多看各種講佛法的書，可以增加自己的智慧，就叫做解脫知見香。

上面所說的，只是就我們初學修行的人，學習那五分法身香的方法而說的。若是佛，那已經完全證到了法身，他的功德的香，就不是我們凡夫，能夠知道了。攀緣外邊的境界，就是這個心，攀住在外面境界上的意思。緣字，也就是攀的意思。）就是一切的大菩薩，都比不上佛的功德香，所以說是香上。

**香光佛**，是說佛的功德香，能夠發出光來的。像上面所說阿彌陀佛的光，能夠照到十方世界，沒有一點阻礙，這是因為修了無量無邊的功德，所以能夠這樣的。一個人能夠誠心的念佛，心裏自然也會有功德的香光。楞嚴經上，大勢至菩薩說過的，這種念佛方法，叫做香光莊嚴，就是這種道理。

**大燄肩佛**，和南方世界的燄肩佛，名號相同的。

**雜色寶華嚴身佛**，雜色，不是一種的色。寶花，不是尋常的花。嚴身，是裝飾自己的身體。譬如佛修了種種的功德，而顯出這個法身來的意思。

**娑羅樹王佛**，娑羅，是梵語。照我們中文的解釋，就是堅固，因為那種樹，不論冬天夏天，總不改變的，所以說它堅固。樹王，說是樹 的王。譬如佛證得了不生不滅的法身，在一切聖賢 ，最尊、最貴的意思。

**寶華德佛**，是說佛的種種功德，像寶貴的花，應該歡喜讚歎的。

**見一切義佛**，是說所有一切法的真實道理，沒有見不到的意思。

**如須彌山佛**，須彌、是最高、最大的山。佛的功德，最高、最大，所以說像須彌山。

還有幾句，仍舊是和前面一樣的。

釋迦牟尼佛，所以引東、南、西、北、下、上，**六方**許多許多的佛，稱讚這部阿彌陀經的話來做見證。就是要證明白這部阿彌陀經，實在是很好的。所說的修行方法，其實是最容易的。所以各方無窮無盡的佛，都稱讚，都勸眾生相信。那麼我們這些凡夫，還可以不相信麼？這是佛要我們切切實實的相信，所以引這六方許多佛，現出廣長舌的相來，勸他們本國裏的眾生，都相信這部經的話，來做一個大大的見證。我們還可以不相信麼？

唐朝玄奘法師翻譯的，叫做稱讚淨土佛攝受經，其實就是這部阿彌陀經。但是翻譯的字句，稍稍有一點不同。那部經上，稱讚這部經的佛，除了東、南、西、北、下、上，六方，還有東南、西南、東北、西北的四方，總共**十方**。現在這部經上，少去四方，因為已經有了東、南、西、北、下、上，六方，可見東南、西南、東北、西北，四方的許多佛，也是一樣稱讚的。所以不必一起翻譯出來。

各方的佛，稱讚這經，其實也是阿彌陀佛的願力。因為阿彌陀佛，做法藏比丘的時候，發的四十八個大願心裏，有一個願心說道：我若成了佛，一定要十方世界，所有的佛，都稱讚我的名號。倘若不能夠這樣我就不願成佛。現在各方的佛，都稱讚，就是滿了這個願心了。可見一個人，只要能夠發大願心，將來總會成功的。

這一段，是說上方的許多佛，也都稱讚這阿彌陀經，勸眾生相信。

## 舍利弗！於汝意云何？何故名為一切諸佛所護念經。

**解**

佛又叫舍利弗道：你的意思是怎麼樣想呢？為什麼這部經，叫做所有各方世界的許多佛，大家都保護記念的經呢？

**釋**

這部經原來的名稱，叫**稱讚不可思議功德一切諸佛所護念經**。為什麼現在佛問舍利弗，只說**一切諸佛所護念經**，除去了上面的稱讚不可思議功德八個字呢？因為不可思議功德六個字，就是釋迦牟尼佛，所稱讚阿彌陀佛的。在前面說依報、正報的許多話，都是稱讚阿彌陀佛的種種功德，所以不必再講了。只有這一切諸佛所護念經的原因，還沒有說出來，應該也要講明白，所以釋迦牟尼佛特地提出來問的。

這兩句，是佛要講一切諸佛所護念經八個字，所以自己先問一句。下面是佛自己回答解釋了。

舍利弗！若有善男子、善女人，聞是經，受持者，及聞諸佛名者。

**解**

佛就自己回答解釋道：舍利弗，若有善男人，善女人，聽到了這部經裏所說的念佛方法，能領受、記住的人。或聽到這許多佛的名字的人。

**釋**

**受持**，是記住了上面所說一心念阿彌陀佛的方法，依了去做。佛在無量壽經裏說道，有許多菩薩，想聽一心念阿彌陀佛、可以生到西方極樂世界去，在一世上就能成佛的方法，都還聽不到。那麼可以聽到這阿彌陀經，其實是很不容易的。現在我們這些人，都聽到了，真不曉得幾世裏修來的大福氣。還能不常常放在心上記住，依這念佛方法去做嗎？

華嚴經裏說，情願受地獄的苦，也要聽到佛的名字。不情願生到了天上去，聽不到佛的名字。那麼聽到佛的名字，是很不容易的。現在我們這些人，在這部阿彌陀經裏，聽到了許多佛的名字，就是前生有根機的，怎麼可以不常常記住呢？

這一段，是說凡是聽到這部經裏，勸人念佛的方法，能夠遵照它做的人，和聽到許多佛名的人。

## 是諸善男子、善女人，皆為一切諸佛之所護念，皆得不退轉於阿耨多羅三藐三菩提。

**解** 像這樣的許多善心的男子，（這樣，就是指前面所說的，聽到了阿彌陀經，能夠依這個方法去修行，和聽到六方許多佛名的人。）善心的女人，都能夠受到所有各方一切佛的保護，並且還常常承蒙一切佛的記念。因為這個緣故，那些人修行的心，就能夠永遠不退轉下來。並且漸漸的能夠得到佛的智慧了。

**釋** **阿耨多羅三藐三菩提**，是梵語。翻譯成中文，**阿**字，是無字。**耨多羅**三個字，是上字。**三**字，是正字。**藐**字，是等字。**菩提**兩個字，是覺字。合起來說，就是**無上正等正覺**六個字。

若是分開來講，無上兩個字，是最高、最上的意思。正等兩個字，是沒有邪見、偏見的意思。（邪見、偏見，下面解釋「五濁惡世」一節，會講明白的。）覺字，是醒悟的意思。合起來解釋，就是佛的智慧，就是成佛。

因為念佛的人，都託靠各方世界，無窮無盡的佛，保護、記念的力量。所以修行的心，能夠永遠不退轉來，一直到得到佛的智慧。照這樣說法，即使這一世來不及生到西方極樂世界去，但是生到西方極樂世界去的善根，已經種好了。有一天一定可以結成圓滿的果，生到西方極樂世界去，不會退回來的。所以這部阿彌陀經，實在是最好的經。無論是聖人、凡夫，都要依這個方法去修的。

這一段，是說上面所說的兩種人，都能夠慢慢修到佛的地位，不會退回來的。

## 是故舍利弗！汝等皆當信受我語、及諸佛所說。

**解** 佛又叫舍利弗道：所以你們都應該相信、領受我所說的話，和許多佛所說的話。

**釋** 說到**汝等**兩個字，可見不只是勸舍利弗一個人要相信。而且是勸那時候，所有聽佛說法的大眾和後來世界上一切的眾生，都要相信，所以總稱汝等。

**信**字底下，再加一個**受**字，就是勸眾生，不但要相信，還要依佛所說的話去做。能夠曉得念了阿彌陀佛，有想不盡、說不盡的功德，就是相信釋迦牟尼佛所說的話。還能夠曉得念了阿彌陀佛，一切的佛，都保護我，記念我，就是相信六方許多佛的說話。所以說了信，還要說受。因為若只是相信，並不肯依佛所說要發願、要念佛的話去做，那麼和不相信，有什麼分別呢？譬如有人送一樣寶貝來，雖然曉得這是一件寶貝，但是並不收受它，那麼寶貝是寶貝，我是我，有什麼益處呢？這是佛第三次勸眾生發出信心來。

這兩句，是勸眾生要相信佛所說的話。要相信六方許多佛所說的話。

舍利弗！
若有人，已發願、今發願、當發願，
欲生阿彌陀佛國者。
是諸人等，皆得不退轉於阿耨多羅三藐三菩提。
於彼國土，若已生、若今生、若當生。

**解**

佛又叫舍利弗道：若是有人已經發願，現在發願，將來發願，要生到阿彌陀佛的西方極樂世界去。這許多人，無論已經，無論現在，無論將來，發願的話，都可以生到西方極樂世界去的。並且還能夠一直修到成佛，不會退回來的。

**釋**

所說的**發願**，發什麼願呢？就是發要生到西方極樂世界去的願。

當字，是將來的意思。

這一段的解釋，是必須要把經的句子，倒過來講，才容易明白。說已經發願的人，已經生到西方極樂世界去了。現在發願的人，現在就可以生到西方極樂世界去的。將來發願的人，將來也一定可以生到西方極樂世界去的。這裏說已經、現在、將來，三種時候，可見只要發願心、無論甚麼時候，都能生到西方極樂世界去。只怕不肯發願心，那是沒辦法了。還有生到西方極樂世界去，都能夠得到佛的地位，不會退轉下來的。就這一段看起來，這個願心的力量，真是大得很哩！

這一段，是說凡是肯發願心的人，都能夠生到西方極樂世界去，得到佛的地位。

**是故舍利弗！**
**諸善男子、善女人，**
**若有信者，應當發願，生彼國土。**

**解**
**釋**

佛又叫舍利弗道：所以舍利弗，你要曉得，許多有善心的男子，有善心的女人，若是有信心的，就都應該要發願心，生到西方極樂世界去。既然發了願心，就都能夠生到西方極樂世界去。所以這些善男子，善女人，只要有了信心，就應該要發求生到西方極樂世界去的願心。

這是佛第四次勸眾生了。若不是像佛這樣的慈悲，哪裏肯這樣的懇懇切切，一次、二次、三次、四次的勸呢？若生到西方極樂世界去，不是有像上面所說的種種好處，佛哪裏肯這樣不怕煩瑣來勸人呢？我們還可以不信嗎？還可以不趕緊發願修行嗎？若再不肯發願修行，不要說對不住佛了，就是自己也對不住自己，冤枉做了人，冤枉聽到佛法了。

這一段，是佛最後一次，勸人發生到西方極樂世界去的願心。

## 舍利弗！如我今者稱讚諸佛不可思議功德。

**解**

佛又叫舍利弗道：像我現在稱讚許多佛，有想不到的多、講不完的多的功德。

**釋**

六方許多佛，各個勸他們本國的一切眾生，相信這阿彌陀經就是六方許多佛的不可思議功德。釋迦牟尼佛，引六方許多佛各個勸眾生相信這經部的話，和說明白一切的佛都保護、記念修行的人，就是釋迦牟尼佛稱讚許多佛不可思議的功德。

但是，照這部經上說，如我今者，**稱讚諸佛不可思議功德**。若照玄奘法師翻譯的經本上，是說如我今者，稱讚無量壽佛。那麼這兩部經，不是不同了麼？這是有道理的。華嚴經上說，**十方諸如來，同共一法身**。既然一切的佛，法身總是一個，那麼阿彌陀佛，也可以說就是各方的許多佛。各方的許多佛，也可以說就是阿彌陀佛了。所以觀無量壽佛經上說，看見了阿彌陀佛，就是十方的佛，一起看見了。這個道理，就因為一切佛的法身，同是一個的緣故。

譬如天空裏的月，其實只有一個。那月的影子，照到水裏，那麼海裏也有月，江裏也有月，河裏也有月，井裏也有月。哪怕一只缸，一只盆，只要裏面有水，就都有一個月的影子了。天上的月，就譬如一切佛的法身。各種水裏月的影子，就譬如一切佛的應身。應身是從法身上現出來的相，就是一尊佛，也有無量無邊的應身的。像觀無量壽佛經上說，無量壽佛，化身無數。明白了這個道理，就可以曉得一個和多個，沒有什麼分別的了。既然一個和多個，沒有分別，就可以曉得一佛和一切佛，也沒有什麼分別了。

所以說稱讚許多佛，也可以說就是稱讚阿彌陀佛。況且既然說許多佛，那麼阿彌陀佛，自然也在裏面了。所以只看兩部經的字句，好像是不相同的。但是講起道理來，其實是一樣的。

華嚴經上又說，**心**、**佛**及**衆生**，是三無差別。照這兩句的解釋，是說我們自己本來有的真心，和一切佛的心，一切眾生的心，說起來雖然是三種，其實沒有高低、分別的。要曉得一個人的心裏，本來完全滿足無量無邊的功德，和十方三世一切的佛，是一樣的。所以有「**衆生就是佛**」的說法。只因為衆生被那無明迷住了，不能夠覺悟。對自己心上現出來的各種虛假的境界，認為是真實的、有的。就起了種種亂念頭的心，造出種種的業來。所以常在六道輪迴裏，寃枉受那生生死死的苦，不能夠證得自己真實的法身。

照外貌上說起來，衆生同佛，那是天差地遠了。但是衆生雖然沒有證得自己的法身，他們心裏的功德，其實絲毫也不曾減少。還是和佛沒有兩樣，沒有分別的。只要能夠把一切的亂念頭，完全抛開了，就可以顯出自己的法身來的。雖然說顯出自己的法身，其實就是許多佛的法身，也就是一切衆生的本體。所以講起真正的道理來，不只是一切佛的法身，是相同的。就是我們衆生的本體，也和許多佛是相同的。

所以我們現在念阿彌陀佛，其實也可以說就是念自己的心。要曉得所有一切的境界形相，都是從自己的心裏，變現出來的。阿彌陀佛的形相，就是自己的心。一切衆生的形相，也都是自己的心，甚至我們現在自己的身體，也就是自己的心。

這層道理，只要用夢來想一想，就可以明白了。一個人在做夢的時候，夢的境界，有自己的身體，有旁人的身體，或者還有種種眾生的身體。醒轉起來一想，自己的身體，明明是睡在床上。那麼夢裏的境界，哪裏來的呢？所以自己的身體，旁人的身體，和種種眾生的身體，究竟是哪個呢？這不是完全從自己的心裏造出來的嗎？曉得了夢裏的境界，是自己的心裏造出來的，就應該曉得醒時候的種種境界，也都是自己的心裏造出來的了。夢裏的境界，的確是虛假的。醒的境界，哪裏是真實的呢？

明白了一切都是從心裏造出來的道理。那麼自己的心造出來的佛，怎麼能夠不恭敬呢？自己的心造出來的眾生，怎麼能夠不愛惜呢？能夠用這樣的心念佛，可以說是真正的念佛了。

這兩句，是說釋迦牟尼佛，稱讚許多佛的功德。

彼諸佛等，亦稱讚我不可思議功德，而作是言：釋迦牟尼佛，能為甚難稀有之事，能於娑婆國土，五濁惡世，劫濁、見濁、煩惱濁、眾生濁、命濁中，得阿耨多羅三藐三菩提。

**解**

他們許多佛，也都稱讚我有想不到的多、講不完的多的功德，而說這樣的話：釋迦牟尼佛，能夠做這樣很煩難、很少有的事情，能夠在這個娑婆世界，有五種壞處的惡世界上，劫濁、見濁、煩惱濁、眾生濁、命濁裏，（這五種濁，講起來很長的，只好看下面的解釋了。）得到了無上的佛道。

**釋**

上面一段，是釋迦牟尼佛，稱讚六方許多佛的功德，自己又總結一句。這一段，是六方許多佛，稱讚釋迦牟尼佛的功德。從「釋迦牟尼佛」一句起，到下面一段，「一切世間難信之法」的一句，總共十一句，都是六方許多佛稱讚釋迦牟尼佛功德的話。

**五濁惡世**的濁字，就是污穢不潔淨的意思。五種濁，就是劫濁、見濁、煩惱濁、眾生濁、命濁。現在先把它一件一件的大略講一講。

**劫濁**的劫字，就是前面說過的大劫時代。雖然劫濁並沒有什麼污穢的事情，因為有下面的四種濁，才造成這個劫濁的。但是在這個時代裏，有成、住、壞、空，四個中劫。每一個中劫裏，又各有二十個小劫。到了每一次的壞劫，又會輪流生出各種的大災來。到了每一個小劫的末了，又會發生出三種小災來。人的壽命，忽然加多，忽然減少。有這種種的壞處，所以也算它是一種濁。

**見濁**有五種。

第一種是**我見**。因為人都執定了有一個我。有一個我的身體，就有我的見解，就要分別出旁人來了。因為我和旁人，有了分別，就生出種種不合正當道理的心思來了，造出殺、盜、淫、妄，等種種的業來了。

第二種是**邊見**。（邊見，就是偏見，就是不正的見解、偏在一邊的見解。）或是因為執定了，一個人死了就沒有了，沒有什麼好報應、苦報應的，就算造惡也不要緊，造善也沒有用。或是因為執定了我們這世界上的眾生，做人的，終究是做人，做畜生的，終究是做畜生。也不會做了惡事，受苦報應，做了善事，受好報應的。所有的見解，都是這樣偏的。

第三種是**戒取**。有一種外道，假如守了他們各種的戒，就可以得怎樣的好結果。不明白道理的人，就會上他們的當，不走正路，走邪路了。或是假託他們種種的說法，要旁人施濟他們的錢。

第四種是**見取**。因為執定了自己的見解，黑的一定要認它是白的，非的一定要認它是是的，自己總不肯認錯。這樣就生出爭鬥的念頭、爭鬥的事情來了。

第五種是**邪見**。凡種種不合正當道理的見解，都是邪見。因為這五種見解，都可以束縛住一個人，在這個生生死死裏，不能夠跳出三界去，所以都叫做濁。

**煩惱濁**也有五種。

第一種是**貪**。有了貪心，這個也要，那個也要。這個也捨不得，那個也捨不得。不但是永遠不能夠脫離這個世界，並且因為有了貪心，就造出種種的業來了。

第二種是**瞋**。碰到一點點不稱心的事情，就要發火，不能夠忍耐一點。因為發了這個瞋心，就要造無窮無盡的惡業。

第三種是**癡**。一點也不明白道理，是的也不曉得是，非的也不曉得非。正路也可以走走，邪路也可以走走。自己都不能夠覺得，都不能夠分辨。這樣的人，怎樣可以修道呢？

第四種是**慢**，對任何什麼人，一味的驕傲，一味的自大。沒有一點虛心、恭敬心。這樣的人，學任何事情，都不能夠上進，何況修學佛法呢？

第五種是**疑**。無論做甚麼事情，最不好的是有疑惑心。有了疑惑心，想做，又想不做，想不做，又想做。心 七上八下，沒有一點主意，這是修行人最不相宜的。

這五種也都是擾亂心思，使人多生出煩惱來，不得清淨，所以叫做濁。

**眾生濁**，因為眾生永遠在六道 ，生生死死。就是做了人，也要受生、老、病、死，等種種苦惱。若是到了畜生、餓鬼、地獄，三惡道 去，那更加說不盡的苦了。像這種樣子的受苦，沒有脫離的期限，所以叫做濁。

**命濁**，就是一個人在我們這世界上，一年四季，冷暖沒有一定，時間催人老死。一口氣，呼出來了，也不曉得能夠吸回去，還是不能夠吸回去。人的壽命，像早晨的露水一樣，一眨眼，就沒有了，真是危險得很，所以叫做濁。

照這五種的濁說起來，那第一種的劫濁，其實是由後面的四種濁所造成的。生在我們這世界上的眾生，都免不了這五種濁的。

若生在西方極樂世界，那就沒有成、住、壞、空的各種劫，也沒有大小三種災，是沒有劫濁的。

眾生都有正當的知識，正當的見解，是沒有見濁的。

眾生的智慧，都很高的，心念都很清淨的，是沒有煩惱濁的。

天天在一塊兒的，都是聲聞、菩薩，不受三界裏面生生死死的苦，是沒有眾生濁的。

壽命都是同佛一樣無窮無盡的，是沒有命濁的。

所以西方極樂世界，叫清淨土，就因為沒有這種污穢的緣故。

這一段，是說釋迦牟尼佛，在我們這污穢的世界上，能夠得道，是很不容易的。

# 為諸眾生，說是一切世間難信之法。

**解**

為了許多眾生，說這種世界上一切眾生所難得相信的方法。

**釋**

念佛求生到西方極樂世界去的方法，是太簡便了。所以世界上的人，都不容易相信的。

在這污穢的世界上修行，已經是很難。釋迦牟尼佛，不但在這樣污穢的世界上修行，並且在這污穢的世界上得道，不是難上加難麼？還要在這污穢的世界上，說這種大家都不容易相信的、念佛求生到西方極樂世界去的方法，又加上了一層難處。釋迦牟尼佛，勸化眾生的慈悲心，真是不得了。所以各方的許多佛，都要稱讚他。

難信兩個字的上面，加**一切世間**四個字，可見得這個方法，不只是生在惡道裏的眾生，不會相信，就是人道、天道裏，也都有疑心的人。不只是愚笨的人，不會相信，就是聰明的人，也都有疑心的。不只是凡夫，不會相信，即使是聲聞、緣覺，也都有疑心的。所以說一切世間難信。為什麼**難信**呢？因為修這個方法，太簡便，太容易了。照這樣簡便容易的修法，得到的利益，應該很少了。哪裏曉得，竟然能夠生到西方極樂世界去，並且還可以在一世上就能夠成佛。這樣的大利益，難怪人家不肯相信了。

不要說那個時候，忽然聽到這樣稀奇的說法，不肯相信。即使到現在已經過了二千九百多年了，有許多高明的大法師，把這種念佛往生的道理，詳詳細細的說明白了。還有許多一心念佛的人，真的生到了西方極樂世界去了。像那往生傳和淨土聖賢錄，這兩部書裏，所記載的生到西方極樂世界去的人，實在真的不少。而且都是有名、有姓、有地方、有年代，臨到命終的時候，還有種種特別的好景象，確實是靠得住，可以做為證據的。

這樣還有許多人，不相信哩！他們不相信的原因，在什麼地方呢？就是把各種修行的方法和念佛的方法，比較之下，覺得這個念佛的方法，實在太稀奇了。

因為旁的種種方法，無論你所修的工夫，怎樣的高，所悟的道理，怎樣的深，若有一絲一毫的煩惱，沒有斷得盡，就萬萬不能夠了生死，出三界了。念佛的方法，無論怎樣高等的**根性**，（根，是根機。性，是種性。就是各種根機的心性。）也不能夠跳出這個方法外面去。無論怎樣下等的根性，也可以進到這個方法來。就是煩惱業障，（業障兩個字，下邊解釋「往生咒」的題目裏，會詳細說明白。）極深極大的人，也都可以仗了阿彌陀佛慈悲的願力，接引他生到西方極樂世界去的。

那些不相信念佛方法的人，只是用靠自己力量了生死的方法，去辯論靠佛力了生死的道理。他們不知道靠自己的力量了生死，是普通的方法，這念佛求生到西方極樂世界去，是特別的方法。若知道了這個道理，那些明白的人，個個就要一心一意的去修這念佛的方法了。不肯把只在這一世上可以了生死的大利益，讓旁人獨得了。

你們要知道，佛最禁戒人說謊話，所以佛決不會說謊話的。佛所說的這種方法，一定是真正靠得住的。大家絕對不可以不相信，不可以有一點疑惑的。

關係自己的將來，比什麼事情，都還大哩！

這兩句，是說佛專門為了眾生，說這樣念佛求生到西方極樂世界去的方法。

舍利弗！當知我於五濁惡世，行此難事，得阿耨多羅三藐三菩提，為一切世間說此難信之法，是為甚難。

**解** 佛又叫舍利弗道：你應該要曉得，我在這樣五種污穢的世界上，做這樣信願念佛的難事情，得到了佛道。為了世界上所有一切的眾生，說這樣難相信的方法，實在是很難的。

**釋** 上面兩段，是六方許多佛，稱讚釋迦牟尼佛功德的話。釋迦牟尼佛，把這些話告訴舍利弗聽。從這裏起，是釋迦牟尼佛自己說的話了。

**行此難事**一句，就是佛說我從前也是修用信心、願心，專門念佛，求生到西方極樂世界去的方法的。這個方法，很容易的，為什麼叫做難事呢？因為一切世界上的人，都不容易相信這種事情，所以叫做難事。佛做這種難的事情，就成了佛道。這種話，恐怕有許多人不相信。但是請不相信的人，詳細的多讀幾百遍、幾千遍普賢行願品。（普賢行願品，是華嚴經裏的一品，專門講發願心、念佛求生到西方極樂世界去的。）就會把那不相信的心，翻轉變成相信了。佛做了這種難的事情，才能夠成佛道。為了一切世界上的人，說這種難相信的方法，是難上加難，所以說是**甚難**。（甚字，就是很字、極字的意思。）上面各方的許多佛，說了很難。這裏釋迦牟尼佛自己，又說種種的難，那麼真是很難的了。其實說起來，是很容易的。因為人人都不相信，所以變成很難了。

釋迦牟尼佛慈悲得很，把這種很難相信的方法，說給我們聽。我們肯依這個方法去修，再勸導一切的眾生，也修這個方法。才可以對得住佛，不至於辜負佛的大慈大悲的恩德了。釋迦牟尼佛說念佛的方法，到這裏已經完了。

這一段，是總結得道、和說法的難。

## 佛說此經已，舍利弗、及諸比丘、一切世間天、人、阿修羅等，

### 解

佛說完了這部阿彌陀經。舍利弗和許多比丘僧，還有天道裏的人、人道的人、阿修羅等種種眾生。

### 釋

**一切世間天**、**人**、**阿修羅等**，就是說世界上一切的天、人、阿修羅。加一個**等**字，是包括八部、六道，一起在裏面的意思。

**八部：**

第一、是**天**上的**人**。

第二、是**龍**。

第三、是**夜叉**，就是在虛空裏飛行的鬼，是神道的一類。

第四、是**乾闥婆**，就是在玉帝那裏管音樂的神。

第五、就是**阿修羅**。

第六、是**迦樓羅**，就是金翅鳥，大得很的，兩個翅膀，在兩旁邊，隔開有三百三十六萬里遠哩！專門吃龍的。

第七、是**緊那羅**，像人的樣子，不過頭上有角的，也是在玉帝那裏管樂器的神。

第八、是**摩睺羅迦**，就是大蟒，也叫地龍。

從「佛說此經已」一句起，一直到底，都是阿難所記大眾聽佛說法的情形，不是佛說的話了。

這一段，是重新說聽佛說法的許多眾生。

## 聞佛所說，歡喜信受，作禮而去。

**解**

聽到了佛所說的這部阿彌陀經，大家歡喜得很，都相信、領受，禮拜了佛，各自回到自己的原地方去了。

**釋**

上面所說的許多眾生，聽了佛所說的話，大家覺得從來沒有聽見過這樣好的方法，所以大家都歡喜得很，都相**信**得很，一點也沒有疑惑的心。大家都領**受**佛所說的話，永遠記住了，不讓它忘記。並且很感激佛說法的大恩大德。所以大家都行一個**禮**拜、謝拜、謝佛，各自回去了。

到最後了，阿難也說到**信受**兩個字。可見這一部阿彌陀經，最要緊的，就是這一個信字。其實因為這個信字，是發願和修行的根本。能夠信了，才肯發願心，才會實在的去做念佛的功夫。一部阿彌陀經最要緊的，就是**信**、**願**、**行**，三個字。大家都要記牢了。

## 拔一切業障根本得生淨土陀羅尼

**解**

這是咒的名目。是甚麼咒呢？是可以拔除一切業障的根本，（業障兩個字，講起來很長的，只好看下面一節解釋了。）能生到淨土去的咒。

**釋**

這個咒，就是大家叫它**往生咒**的。念了能夠生到西方極樂世界去的。要生到西方極樂世界去，雖然只要念阿彌陀佛，雖然念了阿彌陀佛，也可以消除罪業，但是業消得越多越好，越快越好。除了念佛消罪，還有別的方法，可以幫助消罪的，當然是更加好了。所以又有這一種咒，念了可以拔除種種的業障。

現在先把**業障**兩個字，講明白了。**障**字，是遮蓋的意思，又是阻礙的意思。因為能夠遮蓋我們本來清清淨淨的真性，能夠阻礙我們跳出三界的門路，所以叫做障。

障有三種。第一種叫**煩惱障**，第二種叫**業障**，第三種叫**報障**。因為有種種煩惱，就造出種種的業來。造了種種的業，就要受種種的報應。並且因為造了種種的業，又下了種種煩惱的種子，受了種種的報應，又生出種種的煩惱來。所以這種煩惱，實在是業障、報障的根本。念了這種咒，就能夠使煩惱不生起來，那就是拔去了業障的根本了。沒有了業障，自然就不會有報障了。

**淨土**，就是西方極樂世界。因為西方極樂世界，清淨得很，沒有一點煩惱。潔淨得很，沒有一些污穢，所以叫做淨土。我們念佛修行，求生到西方極樂世界去，簡單說起來，就叫修淨土。

**陀羅尼**三個字，是梵語。就是中文的總持兩個字。總字，有不分散的意思。持字，有不失去的意思。就是咒的別名。

南無阿彌多婆夜。哆他伽哆夜。
哆地夜他。阿彌唎。
都婆毗。阿彌唎哆。
悉耽婆毗。阿彌唎哆。
毗迦蘭帝。阿彌唎哆。
毗迦蘭哆。伽彌膩。伽伽那。
枳多迦隸。娑婆訶。

**解**

這就是**咒**。咒是佛祕密的話，像我們軍營裏，祕密的號令。只可以自己人知道，不可以宣布的。所以各種咒，都是只照梵語的聲音念的，從來沒有翻譯的。但是咒的靈驗實在是不得了。

**釋**

念完了一遍阿彌陀經，就應該把這一種咒，接連上去念三遍。一個人在念這種咒的時候，無論日間、夜間，阿彌陀佛，常常在這個人的頭頂上面保護他，不讓和他有怨仇的人害他。在這個世界上的時候，常常保護他安安穩穩。等到壽命完的時候，就可以接引他生到西方極樂世界去。所以這個咒，是很有大利益的，應該要常常念。

# 附　修行方法

印光老法師鑑定　皈依弟子黃智海演述

凡是要念經、念佛的時候，先要把手洗乾淨，點三枝香、或是燒一些檀香，都可以。

先念**香讚**，再念**開經偈**。

念過了，念阿彌陀經。不過念阿彌陀經之前，還要念**南無蓮池海會佛菩薩**三聲。

**阿彌陀經**念完了，念**往生咒**三遍，再念**讚佛偈**。

偈念完了，念**阿彌陀佛**、**和觀世音**、**大勢至**、**清淨大海衆菩薩的名號**。

末後再念**回向偈**和三**皈依**。

照這個樣子念，才算念成一堂功課。現在我把修念佛方法的人、所念慣的各種，都寫在下面。並且也用白話，來大略解釋一遍。

# 一、香讚

**讚**字，是稱讚的意思，就是稱讚燒香的功德。讚，和偈，都含有發願的意思。香讚有好幾種，下面所寫的，是大家念阿彌陀經慣念的一種。

爐香乍爇　法界蒙熏

諸佛海會悉遙聞　隨處結祥雲

誠意方殷　諸佛現全身

**解**

第一句說，香爐裏的香，剛剛燒起來。

第二句說，所有的十方無窮無盡的世界，都受到這香氣所熏。

第三句說，許多的佛以及和海一樣大的法會，都遠遠的聞到這個香氣。

第四句說，香燒出來的煙，在隨地各處，都結成了吉祥的雲。

第五句說，燒香的人，剛剛動了至誠、懇切的念頭。

第六句說，就感動了許多的佛，現出全身來了。

**釋**

燒香的意思，是以**香**來供養佛和菩薩。所以念經、念佛，必定要燒香。並且供養佛、菩薩的心，要放得大、放得遠。不但是供養眼前所供的佛、菩薩，連十方所有的佛、菩薩，一起都要供養。但是第一件要緊的事情，就是要有誠心。心誠了，才能夠感動各方的許多佛、菩薩。

**乍**字，是剛剛的意思。

**法界**，就是十方無窮無盡的世界。

**蒙**字，是受到的意思。

**熏**字，是熏到香的意思。

**海會**，是佛的法會，就是佛說法的地方。說到一個海字，是形容它又多、又大，像海一樣的意思。

**悉**字，是完全的意思。

**遙**字，是遠的意思。

**殷**字，是懇懇切切的意思。

合起來講，是香爐裏的香，剛剛燒起來，十方法界，都已經受到這種香氣熏了。許多的佛和各處講佛法的會場裏，也都一起遠遠的聞到這個香氣。並且香氣在虛空裏，結成了吉祥的雲。燒香人的誠心，剛剛懇懇切切的發出來。許多的佛，就現出他們金色的全身來，給燒香的人看。這都是燒香人發了誠心，才能夠感動佛、菩薩，有這樣種種的顯應出來。

念這種香讚還有一種意思，就是在上香的時候，要發一種願心。情願我所燒的香，十方世界，都能夠受到這種香氣。那十方法界裏，各法界的眾生，都可以把我所燒的香，去供養各方的佛、菩薩，那麼我一個人燒了香，供養佛、菩薩，就譬如各法界的眾生，都幫助我燒了香，都幫助我供養了佛。

並且還情願我所燒的香，不但是供養我面前的佛、菩薩，所有十方法界的許多佛、菩薩，情願一起供養到。那麼在一個地方燒了香，就譬如到十方法界各處佛、菩薩那裏，都燒了香。願心發得這樣的大，功德也就隨了這個願心，大了起來。

## 南無香雲蓋菩薩摩訶薩

ㄋㄢˊ ㄇㄛˊ ㄒㄧㄤ ㄩㄣˊ ㄍㄞˋ ㄆㄨˊ ㄙㄚˋ ㄇㄛˊ ㄏㄜ ㄙㄚˋ

念三遍，拜三拜。這一句和上面的香讚，一定要連在一起念。念了香讚，一定就要接下去念這一句。

這一句的意思，就是念經的人，燒了香，這種香氣，沖在虛空裏，結成了雲，像寶蓋一樣，所以叫**香雲蓋**。這香雲蓋裏，就有許多佛、菩薩，在那裏受燒香人的供養，所以要拜。這種拜法，不只是拜了面前所供的佛、菩薩，甚至拜了虛空裏無窮無盡的佛、菩薩，所以功德很大。

# 二、開經偈

凡是念經的前頭，必須要念這種開經偈。偈本來就是稱讚頌揚的意思。**開經偈**就是開頭念經的時候，先稱讚、頌揚經的好處，再接下去念經，這是念經的規矩。

無上甚深微妙法　百千萬劫難遭遇
我今見聞得受持　願解如來真實義

**解**

第一句說，很高、很深，並且很微細、很奇妙的佛法。

第二句說，就是經過幾百、幾千、幾萬劫的年代，也很難碰得到的。

第三句說，我現在能夠看見、能夠聽到、還能夠領受，並且依此方法去做。

第四句說，情願明白佛的真正實在的道理。

**釋**

**無上**兩個字，是沒有比這個更高的意思。

**微**字，是微細的，不是粗淺的意思。

**妙**字，是又好又奇的意思。

**百千萬劫**，說年代的長久，幾乎不可以用數目來計算。

**遭**字，和遇字，是一樣的，都是碰到的意思。說這樣好的佛法，哪怕經過百千萬劫的時代，也很難碰到。

**解**字，是明白的意思。

**如來**，是佛的名號。

佛總共有十種名號，就是：

**如來**。（**如**字，是真實不動的意思。**來**字，是佛的智慧光、一切都照到的意思。）

**應供**。（佛的智慧滿足、福德滿足，所以說是兩足尊。有了這樣的大功德，自然**應**該受一切眾生的**供**養了。）

**正徧知**。（**正**字，是沒有偏見、邪見的意思。**徧**字，是周遍的意思。凡夫、外道的知見，是偏的、邪的，不能說是正知。聲聞、緣覺、菩薩的知見，雖然是正的，但是不能夠周遍，所以也不能夠說是徧、知。只有佛才能夠當這個名號。**知見**，就是知識、見解。）

**明行足**。（**明**，是三明，得了宿命通、天眼通、漏盡通，叫三明。**行**，是指身、口、意，三業。身、口、意三業，完全真正清淨，只有佛能夠做到。因為明和行，都滿**足**了，所以叫明行足。）

**善逝**。（**逝**字，是去的意思，就是實在到不生不滅的那邊岸上去了，不會再退到這個生死海裏來的意思。）

**世間解**。（在世界裏的，和跳出三界的一切因果法，沒有不了解的意思。了**解**，就是明白。）

**無上士**。（**士**，是人世中最有知識的，不是庸庸碌碌的平常人。**無上**，是最勝的，沒有能夠勝過他的。）

**調御丈夫**。（前面解釋阿彌陀經北方世界裏，已經解釋過了。）

**天人師**。（**師**，是先生、是師父、是教師。天人師，是天和人的教師。）

**佛**。（梵語叫**佛陀**，是中國的覺字，解釋就是**覺悟**的意思。）

這十種名號，都是稱佛的。佛有這十種的功德，在各世界裏，最是尊重，所以又叫做世尊。不過稱佛的時候最多。如來、和世尊兩種名號，也還常稱。其他八種名號，就不常稱了。

第三第四兩句，是說我現在能夠見到、聽到，並且還能夠領受到，依此方法去做，是何等的福氣呢？但是見聞、受持，只不過是文字上面的功夫。我現在不只是曉得文字就算了，還期望要曉得佛的真真實實的道理哩！

佛的真實道理，就是不生不滅，就是佛的**寂照圓融**的真心，（**寂**，是寂靜。**照**，是用智慧光照了，一切都能夠明白的意思。寂，是定的功德。照，是慧的作用。前面如來二個字的解釋，和這寂照兩個字的意思、道理，都是一樣的。**圓**，是圓通。**融**，是融合。

佛的真心，雖然是寂然不動的，但是智慧的光，一切都能夠照到，雖然智慧的光，能夠照到一切境界，但是這個心，卻仍舊是寂然不動的。寂不礙照、照不礙寂，所以叫寂照圓融。

作用兩個字，很難用俗話來解釋，勉強說起來，差不多有手段的意思、有做法的意思。）也就是眾生的真心，佛和眾生的真心，是一樣的，沒有兩樣的。這種道理，能夠明白透了，才算是懂得佛法。

上面的南無香雲蓋菩薩摩訶薩，念了三聲，拜了三拜，就應該接下去念這個開經偈一遍。念過了，再念下面的。

## 南無蓮池海會佛菩薩

ㄋㄢˊ ㄇㄛˊ ㄌㄧㄢˊ ㄔˊ ㄏㄞˇ ㄏㄨㄟˋ ㄈㄛˊ ㄆㄨˊ ㄙㄚˋ

**念三遍，拜三拜。**凡是要念經，開頭一定要念三遍佛菩薩。不過念什麼佛菩薩，那就不一定了，就要看所念的是什麼經了。

現在念的阿彌陀佛，是專門講西方極樂世界的，是要修到西方極樂世界去的人念的。因為到西方極樂世界去的人，都是在七寶池裏的蓮花中生出來的，所以一定要念**蓮池海會佛菩薩**。簡單說起來，就是歸依西方極樂世界佛菩薩。

這一句念過了，就念阿彌陀經了。但是念阿彌陀經，一定要連佛說阿彌陀經這一句，一起念。念了就接著念如是我聞，一直念下去。念完了經，再念往生咒三遍，接著就念下面的讚佛偈。

# 三、讚佛偈

**讚佛偈**，是稱讚佛的偈頌。稱讚各佛的偈，各有不同。這下面的偈，是專門稱讚阿彌陀佛的。因為現在所念的，是阿彌陀經，所以要念稱讚阿彌陀佛的偈。

阿彌陀佛身金色　相好光明無等倫
白毫宛轉五須彌　紺目澄清四大海
光中化佛無數億　化菩薩眾亦無邊
四十八願度眾生　九品咸令登彼岸

**解**

第一句說，阿彌陀佛的身體，是和金子的顏色一樣。

第二句說，阿彌陀佛的形相，是很好的。全身的光，是很明亮的。並且這種形相、這種光明，沒什麼可以比得上。

第三句說，阿彌陀佛兩條眉毛中間的一根白的毫毛，是向右邊宛轉捲的，（是順的旋轉的意思。）有五匝，（匝是周圍的意思。）好像五座須彌山一樣的大。

第四句說，阿彌陀佛的眼，青色帶點紅色，清明得很，並且很大，像四道大海。

第五句說，阿彌陀佛的光裏，化現出來的佛，不只是一億、十億、百千萬億，竟然是無數的億。

第六句說，光裏化現出來的菩薩，也是無量無邊的多。

第七句說，四十八個大願心，都是度脫眾生的。

第八句說，生到西方極樂世界去的人，雖然是分九品，但都要他們到那邊的岸上去。就是到沒有生死的那邊去。

**釋** 阿彌陀佛身體的顏色，是極好極好的金色。不但是我們世界上的金，不能夠比，就是天上的金，也無法比擬。講到阿彌陀佛的形相，那真好得不得了。顯現給凡夫、和小乘看的丈六金身，已經有三十二相、八十種好。顯現給菩薩看的，竟然有八萬四千種相。每一個相裏，還有八萬四千種的好。每一種好裏，又有八萬四千種光明。這樣的好法，那當然沒有和阿彌陀佛一樣的了。

**等**字和**倫**字，都是一樣的意思。

**須彌**山，在山裏是最大的，阿彌陀佛兩條眉毛中間的一根毫毛，有五座須彌山這樣大，還了得麼？這根毫毛是雪白的，所以叫做白毫。並且是八角的，中間是空的，有很大的光明。現在塑的佛像額上，嵌一顆珠子，就表明這根白毫的地位。講到這根毫毛，向右邊旋轉圍繞五圈的樣子，是大到沒法表明了。

**紺**字，是青色帶一點紅色。

**澄**字，也是清的意思。

阿彌陀佛做法藏比丘的時候，發過四十八個大願心，都是度脫眾生跳出三界，生到西方極樂世界去的願心。因為生在我們這個世界裏，有種種的煩惱事情，容易造業，永遠跳不出這生死的輪迴。那西方極樂世界的人，只有修種種的真實功德，沒有造業的。並且壽命很長很長，沒有窮盡的日期。在一世都可以修到候補佛位的大菩薩地位。

**東西兩個世界**，（東方的娑婆世界、西方的極樂世界。）譬如兩條海岸，我們生到西方極樂世界去，免去了這生生死死，譬如已經離開了這邊有生死的岸，（就是娑婆世界。）到了那邊沒有生死的岸上去了。（就是極樂世界。）

這前四句，是讚阿彌陀佛的相貌莊嚴。第五第六兩句，是讚阿彌陀佛的神通廣大。末兩句，是讚阿彌陀佛的大誓願、大恩德，無窮無盡。

這一個讚，很好很好的，是宋朝時候，桐江地方，一位擇瑛法師做的。

## 南無西方極樂世界，大慈大悲，阿彌陀佛。

念了這一遍，就接下去念南無阿彌陀佛六個字的佛號。

給人家受快樂，叫做**慈**。

拔去人家的苦，叫做**悲**。

阿彌陀佛能夠用成佛的樂處來給人，能夠拔去人生死的苦，所以稱做大慈大悲。

## 南無阿彌陀佛

最少念五百聲，或是一千聲，二千聲。這種念佛的次數，是做一堂功課的說法，若是全天的念佛，那麼能夠念一萬聲，幾萬聲，會更好。

不過應該連「南無」兩個字一起念。若只是念阿彌陀佛四個字，雖然也可以，不過不加上「南無」兩個字，就不能夠表明恭敬的意思，那麼功德就差點了。

念的時候，低聲念、高聲念、坐著念、跪著念、盤著膝念、向了右邊繞圈子念，都可以。若是心要散亂，只要念的時候，自己聽自己念的聲音，一個字一個字，都要聽得清清楚楚，心就可以漸漸不亂。這是收束心思，除去雜亂念頭的第一個好法子。

念完了，再念三聲，拜三拜，或是九拜、十二拜、二十四拜、四十八拜，隨各人的意思，都可以。

## 南無觀世音菩薩摩訶薩

念三聲，拜三拜。

## 南無大勢至菩薩摩訶薩

念三聲，拜三拜。

## 南無清淨大海眾菩薩摩訶薩
ㄋㄚˊ ㄇㄛˊ ㄑㄧㄥ ㄐㄧㄥˋ ㄉㄚˋ ㄏㄞˇ ㄓㄨㄥˋ ㄆㄨˊ ㄙㄚˋ ㄇㄛˊ ㄏㄜ ㄙㄚˋ

念三聲，拜三拜。上面三行，都是佛和菩薩的名號，沒有什麼意思可以解釋，所以只說念的方法。

觀世音、大勢至，兩位大菩薩，也是在西方極樂世界，和阿彌陀佛，大家稱他們做西方三聖。念佛的人，到了臨終的時候，這兩位大菩薩和阿彌陀佛，都來接引念佛人，生到西方極樂世界去。所以念了阿彌陀佛後，這兩位大菩薩的名號，也都要念。

**清淨大海眾菩薩**，是所有的一切菩薩，都是很清淨的。**大海眾**，說菩薩的多，譬如大海一樣。也就是所有一切的菩薩，也要一起念、一起拜的意思。

# 四、十念法

十念法，是專門為了事情極多、極忙的人，所能想到最方便、最簡單的方法。不論在什麼地方，不論在什麼時候，（能夠早晨起來就念，自然是最好。）有供好的佛，就向佛三拜，沒有供佛，就面向了西，拜一拜，或是深深的作一個揖，都可以。

不過要念南無阿彌陀佛六個字。不論念幾聲，儘量一口氣念下去，氣長的，一口氣念十幾聲也好，氣短的，一口氣念幾聲也好。總共念滿十口氣。

再念下面那一種最簡單的回向偈一遍。

再向佛三拜，或是向西拜一拜，或是深深的作一個揖，就算完了。

這個就叫做十念法。只要誠心照這個法子念，也可以生到西方極樂世界去。因為也是阿彌陀佛四十八個大願心裏的一個願，（下面回向文裏，會說明白。）所以念了，功德也很大。

# 五、回向偈

修行的人，不論念經、念佛，念完了，一定要把回向偈念一遍。**回**字，是旋轉的意思。**向**字，是歸向的意思。就是把這個念經、念佛的功德，都旋轉回來，一起歸向在求生到西方極樂世界上面去。

不但是念經、念佛，要回向，就是做了一點點無論什麼善事，也都要回向在求生到西方極樂世界上面去。

積的功德多一分，往生的希望，也就多一分。倘若不回向在求生到西方極樂世界上面去，就怕下一世得天道，或是人道的福報，福報越大，造業越容易。那麼再下一世，就很可怕了。所以必定要回向在求生到西方極樂世界上面。就可以盼望在這一世上，生到西方極樂世界去。

但是回向偈，也非常多，各人有各人念慣的。我把修念佛方法的人，常常念的幾種，寫出來，解釋解釋。使各人都可以曉得，平常所念的回向偈，究竟是什麼意思。講到應該念哪一種，就隨各人喜歡，喜歡念哪一種，就念哪一種，都是一樣的。

## 第一種

願以此功德　莊嚴佛淨土
上報四重恩　下濟三塗苦
若有見聞者　悉發菩提心
盡此一報身　同生極樂國

**解**

第一句說，情願把這個念經、念佛的功德。

第二句說，幫助阿彌陀佛的淨土，格外的好。

第三句說，把這種念佛、念經的功德，往上報答父、母、師長、和佛的四重恩德。

第四句說，往下救濟畜生、餓鬼、地獄，三惡道的苦惱。

第五句說，若是有看見、或是聽到我念經、念佛的人。

第六句說，大家都要發出道心來。

第七句說，等到這一個身體受完了報應。

第八句說，就大家一起生到西方極樂世界去。

**釋** **莊嚴**兩個字，實在不容易用白話來解釋清楚，西方極樂世界種種的好處。雖然是阿彌陀佛的願心、和功德所造成的，但是也可以說是眾生本來有的功德，一起造成的。所以眾生念了經、念了佛，就可以仗了這種念經、念佛的功德，使西方極樂世界格外的端莊尊嚴，就是格外的好。

並且西方極樂世界，就是眾生自己的清淨心裏，現出來的形相。仗了念經、念佛的功德，可以使得自己心裏，現出來的西方極樂世界，格外的好。這個道理，是很深很深的。若是懂得，自然最好，若是不懂，就不要理會它，只要一心念佛，慢慢的自然而然就會明白，不必著急。

所說的**四重恩**：

第一是**父**。

第二是**母**。

因為一個人的身體，是父母所生，沒有父母，哪裏來的身體呢？所以父母的恩，一定不可以忘記，一定要報答。

第三是**師長**，一個人的學問，都是師長所教導的，這教導的恩，也不能夠不報。若是出家人的師父，是傳授佛法的，那恩德更加地大，更加不能夠不報。

第四是**佛**，我們在世界上，受種種的苦惱，佛發大慈大悲的心，教導我們，勸化我們。用種種方法，使得我們跳出這個生死的苦海。這種恩德，又不是父、母、師長的恩，所能相比的，所以更加不可以不報。

講到畜生、餓鬼、地獄，三惡道，為什麼要去救濟他們呢？這是前面已經講過的，就是發菩薩的心，發大乘的心，不像小乘只曉得免除自己的苦，不肯度脫旁人的苦。

第五、第六兩句，是求佛、菩薩暗裏幫助我，使看見我念經、念佛的人，或是聽到我念經、念佛的人，都能夠自然而然的發出道心來。

第七、第八兩句，是情願大家就在這一世上，一起生到西方極樂世界去。這都是菩薩心、大乘心，而不是自己只顧自己的小乘心。上一句的報身，就是我們這些人的身體，都是受前生所做種種善業、惡業的報應，所以叫做「**報身**」。**盡此一報身**，就是說大家受完了這一世的果報，不再受那虛假生死的果報身體。下一句「**同生極樂國**」，是祝禱凡有看見、聽見我念經、念佛的人，也都發心念經、念佛，求生到西方極樂世界去，並且也一起受到我回向的功德，生到西方極樂世界去。

回向的文句，若每句的字數，是一樣的，叫做**回向偈**。句子長短不一樣的，叫做**回向文**。無論是回向偈、回向文，總是以發願為正主的。

## 第二種

願生西方淨土中
九品蓮華為父母
華開見佛悟無生
不退菩薩為伴侶

**解**

第一句說，情願生到西方淨土那裏去。

第二句說，九品的蓮花，做我的父母。

第三句說，蓮花開了，見到了佛，就可以明白無生的道理了。

第四句說，和不會退轉下來的菩薩，在一起做同伴。

**釋** 要發願生到西方去，大家都已經曉得了。但是西方的世界，多得很，有淨土，也有穢土，並且還有半穢、半淨的土，現在發願生到西方的哪裏呢？所以要說明，情願生到西方的淨土中。但是西方淨土，也多得很，情願生在哪裏的淨土呢？所以又說明情願生在蓮花為父母的淨土，那就是阿彌陀佛的極樂世界了。

因為凡是生到西方極樂世界去的，都是從蓮花裏生出來的，所以蓮花就可以算是父母了。但是往生的人，功夫有高下的分別，所以蓮華也分做**九品**。

等到這個蓮花開了，就可以見到佛、菩薩的金面，聽到佛、菩薩的說法。不過蓮花開的早晚，那就有分別了。

**上品、上生**：一到西方極樂世界，蓮花立刻就開，立刻可以見到佛。

**上品、中生**：經過一夜，蓮花就開，就可以見到佛。

**上品、下生**：經過一日一夜，蓮花才開，七日裏，可以見到佛。

**中品、上生**：也是到了西方，蓮花就開的，但是雖然見到佛，聽到了佛法，也只能夠先證小果，不能夠就悟無生的道理，所以比不上上品、上生的人。

**中品、中生**：到第七日，蓮花才開，可以聽到佛法。

**中品、下生**：生到了西方極樂世界去，要經過七日，才能見到觀世音、大勢至兩大菩薩，能夠聽到佛法。

**下品、上生**：必須經過四十九日，蓮花方才開放，見到觀世音、大勢至兩大菩薩，說佛法給他聽。

**下品、中生**：要經過六劫，蓮花才能夠開放，觀世音、大勢至兩大菩薩，說佛法給他聽。

**下品、下生**：一直要滿十二大劫，蓮花才能夠開放，觀世音、大勢至兩大菩薩，說佛法給他聽。

聽到了佛法，這個心就可以開悟了。那本來沒有生、沒有滅的道理，也就會明白了。

並且到了西方極樂世界去，自然有許多只有向上修，不會退轉下來的菩薩，像觀世音、大勢至等許多大菩薩，都在一塊兒做朋友。侶字，同伴字一樣的，**伴侶**兩個字，就是同伴的意思。

這個偈，也都是發願的話，念這個偈的時候，第二句九品蓮華為父母的**九**字，可以改做**上**字。因為願要發得高，願意將來上品、上生。發了願，只要自己修行的工夫足夠，將來一定會應願。

# 第三種

十方三世佛，阿彌陀第一，
九品度眾生，威德無窮極。
我今大皈依，懺悔三業罪，
凡有諸福善，至心用回向。
願同念佛人，感應隨時現，
臨終西方境，分明在目前。
見聞皆精進，同生極樂國，

見佛了生死，如佛度一切。
無邊煩惱斷，無量法門修，
誓願度眾生，總願成佛道。
虛空有盡，我願無窮。
虛空有盡，我願無窮。

**解**

十方三世無窮無盡的佛，要算阿彌陀佛，是第一了。

有九品的蓮華，來度脫世界上的眾生。佛的威嚴功德，都是無窮無盡。

我現在皈依了佛，懺悔身業、口業、意業，三種的罪。

凡有所修的福德，或是善根，都誠心把它回向到西方極樂世界去。

情願和所有念佛的人，感動阿彌陀佛，隨時現出相來。等到我們面臨命終的時候，西方極樂世界的境，清清楚楚的，現在眼前。所看見的人、聽到的人，都能夠發增長精進勤修、生到西方極樂世界去的心，將來一起生到西方極樂世界去。

見到了佛，就可以免這個生生死死的苦。得到了佛道，就可以度脫一切眾生，像佛的願心一樣。

所有無量無邊的煩惱，一定要斷絕它。無量無邊修行的方法，一定要學會它。

立誓發願，要度脫眾生。立誓發願，要學成佛道。虛空還有盡頭的地方，我的願心，永遠沒有窮盡的時候。

**釋** 說阿彌陀佛第一，就是指下面的威嚴功德。

**懺**字同悔字，一樣是懊悔的意思。不過懺是懺從前已經造的業，求它消滅，悔是悔後來不再造業。

**感應**的**感**字，是念佛的眾生，用極誠懇的心，去感動佛。**應**字，是佛來應眾生。眾生不去感動佛，佛不會來應眾生的。

**見佛了生死**，是見到了佛，聽到了佛的說法，漸漸的開悟了，無明一分一分的破了。破去一分無明，顯出一分真性，那當然不會再墮落到生死的路上去了。

「**無邊煩惱斷**」四句，完整說起來，是「**衆生無邊誓願度，煩惱無盡誓願斷，法門無量誓願學，佛道無上誓願成**」。這四句叫**菩薩四宏誓願**。宏字，解釋是大，就是發大願心的意思。修行的人，一定要發這四種大願心，才能夠修成大乘菩薩。若不是發這樣的大願心，那只能夠成小乘的聲聞了。所以這種四宏誓願，修行的人，也應該每天都要念，要發這樣的大誓願。

這四句的第一句，解釋起來，眾生有無量無邊的多，我應該要立誓發大願心，一起度脫它們。

第二句，我們凡夫的煩惱，無窮無盡，都應該要立誓發大願心，一起斷除它。

第三句，修行的法門，無量無邊的多，應該要立誓發大願心，一起學成它。

第四句，佛的道理，最高、最深，應該要立誓發大願心，修成它。

**虛空**是無窮無盡的，現在說它有盡，是比喻的意思。就是說即使虛空有盡，我的願心，是沒有窮盡的。若有一點不滿足我這個願心，那麼我修行的功夫，就永遠沒有停歇的時候。再說一遍，是表示這個願心，切實得很，堅決得很的意思。

## 第四種

一心皈命，極樂世界。

阿彌陀佛，願以淨光照我，慈誓攝我。

我今正念，稱如來名。

為菩提道，求生淨土。

佛昔本誓，若有眾生，欲生我國，志心信樂，乃至十念。

若不生者，不取正覺。

以此念佛因緣，得入如來，大誓海中。

承佛慈力，眾罪消滅，善根增長。

若臨命終，自知時至，身無病苦，心不貪戀，
意不顛倒，如入禪定。
佛及聖眾，手執金臺，來迎接我。
於一念頃，生極樂國。
花開見佛，即聞佛乘，頓開佛慧，廣度眾生，滿菩提願。
十方三世一切佛，
一切菩薩摩訶薩，
摩訶般若波羅蜜。

**解**

一心一意把自己的性命，歸託極樂世界的阿彌陀佛。情願阿彌陀佛，放清淨的光來照我，用慈悲的誓願來攝取我。（**誓願**兩個字，是說立誓的願心，就是堅決的願心。攝字，在下面一段解釋裏，會講明白。）

我現在用正正當當的念頭，稱佛的名號。

因為發了度脫眾生的道心，所以求生到淨土去。

阿彌陀佛，從前有四十八個大願心裏，本來有一個願說道：若是有眾生，要生到我的國裏來，只要他一心相信、喜歡念佛，念佛只要誠心，即使念得很少，只不過念十口氣的佛，也可以生到淨土來。

若念了十口氣的佛，還不能夠生到我的國裏來，我就不願成佛了。

因為阿彌陀佛發過這個大願心，所以只要肯念佛的人，沒有不能夠往生淨土的。現在我靠了這個念佛的因緣，能夠進到佛的大誓願海　。（這一句，在下面一段解釋裏，會詳細講明白。）

承蒙佛慈悲的力量，使我許多的罪業，一起都消滅掉。使我的善根，漸漸的增長起來。

到了臨終的時候，自己可以預先曉得，並且身體上沒有病痛、苦惱，心裏沒有貪愛這個世界的意思，也沒有捨不得離開這個世界的意思。念頭一點也不顛顛倒倒，很安安定定，像參禪的人，入了定一樣。（這兩句，在下面一段解釋裏，會詳細講明白。）

阿彌陀佛和觀世音菩薩、大勢至菩薩，還有許多的菩薩、羅漢等，手裏拿了金臺，來迎接我。

只要轉一個念頭的時間，就已經在蓮花裏，生到了西方極樂世界去了。蓮花一開，就能夠見到佛，就能夠聽到佛的說法。聽到了佛法，登時立刻，本來和佛一樣的智慧，就開發顯現出來了。到了這時候，仍舊回到我們這個世界上來，度脫許多的眾生，才算滿了我度脫眾生的願。

我現在一心歸依十方和三世的許多佛，歸依許多的菩薩，歸依用大智慧到彼岸的佛法。

**釋** **慈誓**的誓字，就是誓願。是發的願心，就是阿彌陀佛的四十八個大願心。

**攝**字，是收取的意思。

**慈誓攝我**一句的意思，就是情願阿彌陀佛，用他慈悲的誓願來收取我，使我不走到別的路上去。

**大誓海**，是指阿彌陀佛的四十八個誓願，因為這四十八個大願心，大得不得了，所以拿海來比喻。「以此念佛因緣、得入如來大誓海中」兩句的意思，就是靠了這念佛的因緣，能夠感應佛的誓願的意思。就是念了佛，便能夠生到西方極樂世界去的意思。

**如入禪定**一句，是說參禪的人，專門定了心，靜坐了參究佛的道理。等到功夫深了，一心一意，沒有一點旁亂念頭的時候，連口中的呼吸，也沒有了。一坐定，可以經過許久的時候，差不多像死的一樣，這就叫入定。這裏的如入禪定，是比喻心定不散亂的意思。

**金臺**，是蓮花下面的座子，有幾種分別。上品、上生的，是金剛臺。上品、中生的，是金臺。品級低下去，就是銀臺了。

**乘**字，就是車子，前面已經講過了。佛乘，就是最上乘的佛法。

**佛慧**，就是佛的智慧。我們這些人的智慧，本來是同佛一樣的，因為被種種的煩惱，遮蓋住，以致智慧發不出來，便成了凡夫。現在聽到了佛法，所有的煩惱，一起破了，本來有的智慧，自然就顯現出來。

**十方佛**，是以地位、方向說的。

**三世佛**，是以時間說的，就是過去、現在、未來，（還沒有來的時代。）三個時代的佛。

**般若**，是梵語，就是智慧。

**波羅蜜**，也是梵語，就是到彼岸。合起來講，就是用大的智慧，度過了生死海，（**生死海**，是指三界有生死的，所以叫做生死海。）到那邊的岸上去，（那邊的岸，是指西方極樂世界。）就可以不生不死了。這一句，就是說佛法。

這末後三句，就是三歸依的意思。第一句，是歸依佛。第二句，是歸依法。第三句，是歸依僧。從頭上「一心歸命」起，一直到「滿菩提願」，都是發願回向的話。既然發了願，就應該要歸依佛、法、僧，三寶，所以末了又加上這三句。

照這個樣子，一篇發願回向的文字，才算完全。這一篇文字，是宋朝時候一位道行很高的大法師，慈雲大師作的。這位大法師，很了不得，念佛功夫很深很深，做了勸人修淨土的書，也有好幾種。他這一篇文字，雖然不是很長。但是意思已經說得很圓滿了。

# 六、三皈依

修行的人，沒有歸託、依靠，就覺得心思搖搖動動，沒有靠託。一定要歸依佛、法、僧，三寶，才可以有著落。所以受三皈依，是學佛的第一步。回向過後，一定再要念這三歸依，一堂功課，才能算結束、圓滿。

但是念三皈依的時候，每念到一段的末一句，就應該拜一拜，等到三段一起念完，拜完起來的時候，再問一個訊，就算圓滿了。

**問訊**，是出家人的話。訊字，和問字一樣的意思。問訊的樣子，和在家人作揖差不多，先合攏兩手，放在胸前，再放下去，到膝蓋處，再拱手上來，到眉心處，如此便是問訊。是取問候之意，也就是表示恭敬之意。

## 自皈依佛　當願眾生
## 體解大道　發無上心

**解**

自己歸依了佛，應該要發願，盼望眾生，大家明白佛的大道理，發出最高的道心來。

**釋**

修行的人，不只是自己求願自己，一定要顧到眾生，才可以算是發菩薩心，發大乘心。所以要發大願心，盼望眾生大家都明白佛的大道理。

**體解**的**體**字，是體貼到的意思，解就是明白的意思。

**大道**就是佛的道理。

**無上心**，就是大慈大悲的佛心，度脫眾生的心。

## 自皈依法　當願眾生
## 深入經藏　智慧如海

**解**

自己歸依了佛法，應該要發願心，盼望眾生，大家的知識，都能夠進到佛經的**深固幽遠**，最**奧妙**的道理裏去。（道理不是粗淺的，所以叫深。佛法不可以破壞，所以叫固，有堅固的意涵。祕密的真理，不容易明白、所以叫幽。沒有窮盡的，所以叫遠。奧，是深奧。妙。是極好。）使大眾的智慧，像海一樣的大，一樣的深。

**釋**

**經藏**，就是佛經，所說的都是佛法。既然歸依了佛法，就應該一心一意的在佛法裏用功。

**深入**兩個字，就是認真用功。自己的心，和佛經上所說深妙的道理，都覺得相合，沒有一點抵觸的意思。

既然心能夠和佛經上深妙的道理相合，那麼智慧自然一天增長一天，簡直像海一樣的大，一樣的深了。

## 自皈依僧　當願眾生
## 統理大眾　一切無礙

**解**

自己歸依了僧，應該要發願心，盼望眾生，大家都做大法師。許多的出家人都歸他管理，並且大家都融合在一塊兒，一點也沒有妨礙。

**釋**

**統**字，是總共的意思。

**理**字，是管理的意思。

譬如做了寺院裏的方丈，那麼所有寺院裏的出家人，都歸他管理。現在既經歸依了僧，就應該盼望眾生，大家將來都能夠做大方丈，或是做大法師。所有出家的人，一起歸他管理。並且大家都很和氣，融合在一塊兒，你不礙我，我不礙你。

## 和南聖眾

解　**和南**兩個字，就是**頂禮**。（先把兩手合起來，放在胸前，再把右手移開，慢慢的向下。身體也慢慢的彎下去，右手按著了地，再把左手也按著了地，頭便在那兩手的中間，叩至地上。再把兩手分開來，放在頭的左右兩邊，慢慢的翻轉來，手掌向上稍停一刻，手再翻回來，按著地上。將身體慢慢的抬起來，仍舊把兩手合起來，放在胸前，再照前面所說的樣子拜下去。這個叫做頂禮，也叫**頭面接足禮**。因為頭著了地，兩手分開，放在頭的左右兩邊，是接住佛的兩足的意思，所以叫**接足**。這種禮拜，是最恭敬的。）顯出恭敬的意思來。

**聖眾**，是許多的聖人，所有一切的菩薩、羅漢，都包括在內。起初先拜佛，中間念經，末後拜一切菩薩，和賢聖的僧人。這樣可以顯出從起初到末了，總是敬禮三寶的意思。

**釋**

這一句，其實並不在三皈依正文裏。念三皈依的大眾，只要念到一切無礙，就完了。這一句，是應該敲磬子的人唱的，是叫各人一起頂禮，菩薩、羅漢和一切賢聖僧。拜三拜就算功課完了，各人都可以退了。

阿彌陀經白話解釋　終

心靈札記

心靈札記

心靈札記

心靈札記

心靈札記

心靈札記

# 黃智海居士簡介

黃智海居士（一八七五～一九六一），名慶瀾，字涵之，法名智海，上海人，前清貢生，曾任湖北德安宜昌知府。

後留學日本、回國後，創辦上海南華書局、上海三育中小學、上海法政學校。

一九一二年（民國元年），曾任上海火藥局局長、上海高級審判廳廳長。後又任浙江溫州甌海道道尹，一度兼任甌海海關總督，又調任寧波會稽道道尹，後又任上海特別市公益局局長。

一九二二年，上海佛教淨業社成立，被推為該社董事。

一九二六年，與王一亭、施省之、關絅之等發起組織上海佛教維持會，對維護佛教作出貢獻。

一九二九年，與印光法師等在上海覺園發起成立弘化社。

一九三五年，任中國佛教會常務理事。同年與胡厚甫等在上海覺園發起成立具有國際性的佛學團體——法明學會，任副會長。

一九三六年，任上海佛教徒護國和平會理事。是年，又任上海慈善團體聯合救災會副主任，兼任救濟戰區難民委員會副主任。

一九四五年，任中國佛教會整理委員會委員。

一九四七年，任中國佛教會上海市分會理事兼福利組主任。隨後，當選為上海市人民代表及上海佛教淨業社社長。

一九五六年，被推為上海佛教淨業居士林名譽主任理事。

一九六一年，逝世，享壽八十七歲。

黃智海居士中年皈依佛教，是淨土宗印光法師弟子，對淨土宗頗有研究。所著「阿彌陀經白話解釋」及「初機淨業指南」兩書，當時譽為淨土宗初機最佳良導。

他晚年發願把「淨土五經」都寫成白話解釋，來弘揚淨土宗，後來他寫的「觀無量壽佛經白話解釋」、「普賢行願品白話解釋」都已出版。「無量壽經白話解釋」寫了一大半，因年老多病，沒有完成。

他還撰有「了凡四訓」「心經白話解釋」、「佛法大意」、「朝暮課誦白話解釋」等。他的著作，都是用淺顯通俗的白話文寫成，對全國各地佛教信眾起了廣泛的影響。

國家圖書館出版品預行編目(CIP)資料

阿彌陀經 白話解釋 / 黃智海著. -- 三版. -- 新北市 : 笛藤出版, 2025.04
面； 公分
ISBN 978-957-710-965-1(平裝)

1.CST: 方等部

221.34 114002488

# 阿彌陀經 白話解釋（三版）

2025年4月25日 三版1刷 定價340元

| | |
|---|---|
| 著者 | 黃智海 |
| 監製 | 鍾東明 |
| 封面設計 | 王舒玗 |
| 總編輯 | 洪季楨 |
| 編輯 | 葉艾青·葉雯婷 |
| 編輯企劃 | 笛藤出版 |
| 發行所 | 八方出版股份有限公司 |
| 發行人 | 林建仲 |
| 地址 | 新北市新店區寶橋路235巷6弄6號4樓 |
| 電話 | (02)2777-3682 |
| 傳真 | (02)2777-3672 |
| 總經銷 | 聯合發行股份有限公司 |
| 地址 | 新北市新店區寶橋路235巷6弄6號2樓 |
| 電話 | (02)2917-8022·(02)2917-8042 |
| 製版廠 | 造極彩色印刷製版股份有限公司 |
| 地址 | 新北市中和區中山路二段380巷7號1樓 |
| 電話 | (02)2240-0333·(02)2248-3904 |
| 劃撥帳戶 | 八方出版股份有限公司 |
| 劃撥帳號 | 19809050 |